教《きょう》科《か》書《しょ》が絶《ぜっ》対《たい》に教《おし》えない

靖《やす》国《くに》神《じん》社《じゃ》

日《に》本《ほん》人《ほん》が知《し》らない靖《やす》国《くに》神《じん》社《じゃ》の真《しん》実《じつ》

吉《よし》本《もと》貞《さだ》昭《あき》

ハート出版

はじめに

みなさんは、「靖国神社《やすくにじんじゃ》」という言葉《ことば》を聞《き》いたことがあるだろうか。

靖国神社《やすくにじんじゃ》（正式表記《せいしきひょうき》は靖國神社《やすくにじんじゃ》）は明治《めいじ》二（一八六九）年《ねん》六月《がつ》に、戊辰戦争《ぼしんせんそう》（鳥羽《とば》・伏見《ふしみ》の戦《たたか》いから箱館《はこだて》・五稜郭《ごりょうかく》の戦《たたか》いまで）で命《いのち》を落《お》とした薩摩《さつま》・長州《ちょうしゅう》の新政府軍《しんせいふぐん》の兵士《へいし》を顕彰《けんしょう》（功績を世の中に知らせて、表彰すること）・慰霊《いれい》（死んだ人の霊をなぐさめること）するために、皇居《こうきょ》の隣《となり》にある東京《とうきょう》・九段坂《くだんざか》に「東京招魂社《とうきょうしょうこんしゃ》」を創建《そうけん》したのが始《はじ》まりである。

その後《ご》、東京招魂社《とうきょうしょうこんしゃ》は明治《めいじ》十二（一八七九）年《ねん》六月《がつ》に、現在《げんざい》の靖国神社《やすくにじんじゃ》という名《な》に改《あらた》められるのであるが、東京招魂社《とうきょうしょうこんしゃ》が建《た》てられた当時《とうじ》の日本《にほん》は、ちょうど「明治維新《めいじいしん》」のまっただ中《なか》で、国内《こくない》での争《あらそ》いが絶《た》えない時代《じだい》だった。

その理由《りゆう》を理解《りかい》するには、十五世紀《せいき》から十九世紀《せいき》にまでさかのぼって、当時《とうじ》の西欧列強《せいおうれっきょう》（スペイン、ポルトガル、イギリス、アメリカ、オランダ、フランス、ロシアなど）の植民地《しょくみんち》支配《しはい》の始《はじ》まりから、見《み》ていかなければならないだろう。

なぜなら西欧列強《せいおうれっきょう》が世界中《せかいじゅう》で次々《つぎつぎ》と植民地支配《しょくみんちしはい》を始《はじ》めた、この四〇〇年間《ねんかん》を視野《しや》に入《い》れなければ、明治維新《めいじいしん》が起《お》こったことや、靖国神社《やすくにじんじゃ》が創建《そうけん》された本当《ほんとう》の理由《りゆう》も絶対《ぜったい》に分《わ》からないからである。

十五世紀末《せいきまつ》から十七世紀前半《せいきぜんはん》にかけてのヨーロッパは、主《おも》にポルトガル、スペイン、イタリアの人々《ひとびと》が新航路《しんこうろ》を開拓《かいたく》したり、新大陸《しんたいりく》に到達《とうたつ》したりして植民地活動《しょくみんちかつどう》を活発《かっぱつ》に行《おこな》っていた時代《じだい》であった。

わが国《くに》の歴史教科書《れきしきょうかしょ》では、このような時代《じだい》を「大航海時代《だいこうかいじだい》」と呼《よ》んでいるが、これはあくまでも白人《はくじん》から見《み》た歴史《れきし》であって、日本人《にほんじん》のような有色人種《ゆうしょくじんしゅ》から見《み》れば、大航海時代《だいこうかいじだい》というよりも、むしろ「大侵略時代《だいしんりゃくじだい》」と呼《よ》んでもよい時代《じだい》だったのである。

やがて、東《ひがし》アジアでいちばん強《つよ》いはずの清国《しんこく》が一八四二年《ねん》に、イギリスとの「アヘン戦争《せんそう》」に敗《やぶ》れると、幕末《ばくまつ》に日本《にほん》に来航《らいこう》したペリー艦隊《かんたい》をきっかけに、日本《にほん》は西欧列強《せいおうれっきょう》の植民地支配《しょくみんちしはい》に対抗《たいこう》するために明治維新《めいじいしん》を行《おこな》って、鎌倉時代《かまくらじだい》から続《つづ》いた武家政治《ぶけせいじ》（武士が行う政治）を終《お》わらせるのである。

その後《ご》、日本《にほん》は、わずか二十年《ねん》たらずで西欧列強《せいおうれっきょう》の科学技術《かがくぎじゅつ》や政治制度《せいじせいど》を導入《どうにゅう》して、彼《かれ》らと同《おな》じ近代国家《きんだいこっか》を作《つく》りあげることに成功《せいこう》するのであるが、こうしたことは歴史上《れきしじょう》、世界《せかい》のどこにも見《み》ることのできない奇跡《きせき》のような出来事《できごと》だったのである。

こうした時代《じだい》の波《なみ》の中《なか》で、やがて日本《にほん》は、朝鮮半島《ちょうせんはんとう》の独立《どくりつ》をめぐって大国《たいこく》の清国《しんこく》やロシアと対立《たいりつ》するようになり、最後《さいご》には両国《りょうこく》と戦《たたか》って勝利《しょうり》を得《え》るのである。

しかし、この日清戦争《にっしんせんそう》や日露戦争《にちろせんそう》は、単《たん》に日本《にほん》が大国《たいこく》と戦《たたか》って勝利《しょうり》を得《え》た戦《たたか》いではなかった。日清戦争《にっしんせんそう》は、朝鮮《ちょうせん》を独立《どくりつ》させると同時《どうじ》に、それまで東《ひがし》アジア世界《せかい》にあった古《ふる》い国際秩序《こくさいちつじょ》を解体《かいたい》して、新《あたら》しい国際秩序《こくさいちつじょ》を生《う》み出《だ》すきっかけを作《つく》った戦争《せんそう》でもあったからである。

一方《いっぽう》、日露戦争《にちろせんそう》も、ロシアに朝鮮支配《ちょうせんしはい》を断念《だんねん》させると同時《どうじ》に、大航海時代《だいこうかいじだい》からの白人《はくじん》優位《ゆうい》の国際関係《こくさいかんけい》に対《たい》して、白人《はくじん》は有色人種《ゆうしょくじんしゅ》を無視《むし》できなくなるという、新《あたら》しい国際関係《こくさいかんけい》を生《う》み出《だ》す戦《たたか》いでもあったからである。

また日露戦争《にちろせんそう》は、長《なが》い間《あいだ》、西欧列強《せいおうれっきょう》の植民地支配《しょくみんちしはい》に苦《くる》しめられていたアジア、アフリカ、アラブ諸国《しょこく》だけでなく、ロシアの圧政《あっせい》に苦《くる》しめられていたフィンランドやポーランドの民族独立運動《みんぞくどくりつうんどう》にも希望《きぼう》と励《はげ》ましを与《あた》えた戦《たたか》いでもあったのである。

では、なぜ東《ひがし》アジアの一小国《いちしょうこく》である日本《にほん》が、大国《たいこく》の清国《しんこく》やロシアと戦《たたか》って勝《か》つことができたのだろうか。

それは、日本人《にほんじん》が国民国家《こくみんこっか》の一員《いちいん》として、心《こころ》や力《ちから》を一《ひと》つにして、この戦争《せんそう》を戦《たたか》ったからであるが、その背景《はいけい》には靖国神社《やすくにじんじゃ》という精神的《せいしんてき》な支《ささ》えがあったからである。

この戦争《せんそう》で命《いのち》を落《お》とした日本人《にほんじん》は、日本《にほん》を守《まも》るために犠牲《ぎせい》になったのだから、明治政府《めいじせいふ》は国家《こっか》の義務《ぎむ》として、彼《かれ》らを合祀《ごうし》（二人以上の霊を合わせて神社に祀ること）し、尊敬《そんけい》と追悼《ついとう》を捧《ささ》げなければならないのである。

だから、靖国神社《やすくにじんじゃ》に戦没者《せんぼっしゃ》（戦争で死んだ人）が合祀《ごうし》されるということは、戦没者《せんぼっしゃ》にとって最高《さいこう》の名誉《めいよ》であり、鎮魂《ちんこん》（魂を鎮めること）なのである。

新《あたら》しい日本《にほん》とともに誕生《たんじょう》した靖国神社《やすくにじんじゃ》は、それまで同《おな》じ民族《みんぞく》に過《す》ぎなかった日本人《にほんじん》に同《おな》じ国民《こくみん》であるという意識《いしき》を持《も》たせて、国家《こっか》や皇室《こうしつ》・皇族《こうぞく》を守《まも》るために命《いのち》を捧《ささ》げる者《もの》を生《う》み出《だ》す上《うえ》で、大《おお》きな役割《やくわり》を果《は》たしたのである。

その後《ご》、連合国《れんごうこく》の陰謀《いんぼう》によって、日本《にほん》は自衛戦争《じえいせんそう》を起《お》こすことを余儀《よぎ》なくされる（他に方法がないようにさせること）が、この戦《たたか》いは日本《にほん》だけの戦《たたか》いではなく、アジア諸民族《しょみんぞく》の生存《せいぞん》を賭《か》けた戦《たたか》いでもあったのである。

このとき、日本軍《にほんぐん》は「大東亜戦争《だいとうあせんそう》」と呼《よ》ばれる戦《たたか》いで、アメリカ軍《ぐん》に「特攻《とっこう》」による捨《す》て身《み》の一撃《いちげき》を加《くわ》えて、世界《せかい》でいちばん強《つよ》い軍隊《ぐんたい》として尊敬《そんけい》されるのである。それが日本軍《にほんぐん》にできたのは、死《し》んだら自分《じぶん》たちの魂《たましい》を慰《なぐさ》め、最大《さいだい》の敬意《けいい》と愛情《あいじょう》を注《そそ》いでくれる靖国神社《やすくにじんじゃ》という慰霊《いれい》の場所《ばしょ》に祀《まつ》ってもらえるという安心感《あんしんかん》があったからである。

だからこそ、日本軍《にほんぐん》は勇敢《ゆうかん》に戦《たたか》ったのであるが、その日本人《にほんじん》の精神的《せいしんてき》な支《ささ》えである靖国《やすくに》神社《じんじゃ》を最初《さいしょ》に襲《おそ》った危機《きき》が連合国軍最高司令官《れんごうこくぐんさいこうしれいかん》ダグラス・マッカーサー元帥《げんすい》の出《だ》した「神道《しんとう》指令《しれい》」であった。

これは、神道《しんとう》に対《たい》する国家《こっか》の保護《ほご》や学校《がっこう》で神道《しんとう》を教《おし》えることを禁止《きんし》する命令《めいれい》で、国家《こっか》主義《しゅぎ》（国家を人間社会の中心におく考え方でその権威に絶対的な優位を認める立場）の根源《こんげん》である国家神道《こっかしんとう》の制度《せいど》を廃止《はいし》することが目的《もくてき》であった。

次《つぎ》に、靖国神社《やすくにじんじゃ》を襲《おそ》った危機《きき》は、中曽根首相《なかそねしゅしょう》の公式参拝《こうしきさんぱい》だった。それまで一度《いちど》も首相《しゅしょう》の靖国参拝《やすくにさんぱい》に反対《はんたい》してこなかった中国《ちゅうごく》や韓国《かんこく》が激《はげ》しく反発《はんぱつ》してきたからである。

それ以来《いらい》、靖国神社《やすくにじんじゃ》は、首相《しゅしょう》が参拝《さんぱい》するたびに、軍国主義《ぐんこくしゅぎ》（軍隊を強くして、その勢いで領土を広げて、国家を栄えさせるという考え方）の象徴《しょうちょう》として、国内外《こくないがい》から批判《ひはん》を浴《あ》びるようになったのである。

では、軍国主義《ぐんこくしゅぎ》の象徴《しょうちょう》と呼《よ》ばれる日本《にほん》の靖国神社《やすくにじんじゃ》に、なぜ多《おお》くの有色人種《ゆうしょくじんしゅ》の国《くに》の人《ひと》たちが参拝《さんぱい》するのであろうか。その理由《りゆう》は、大東亜戦争《だいとうあせんそう》がわが国《くに》の教科書《きょうかしょ》に書《か》かれているようなアジアで悪《わる》いことをやった戦争《せんそう》ではないからである。

戦後《せんご》、アジアの指導者《しどうしゃ》たちが大東亜戦争《だいとうあせんそう》を讃《たた》えているように、この戦争《せんそう》によって、世界《せかい》のいたるところで有色人種《ゆうしょくじんしゅ》の独立国家《どくりつこっか》が誕生《たんじょう》したが、それらの新興国《しんこうこく》（さかんな勢いで新しく生まれてきた国家）は、今《いま》や世界《せかい》の経済《けいざい》や政治《せいじ》の動《うご》き、地球環境《ちきゅうかんきょう》にも、そして、これまで白人《はくじん》の独占物《どくせんぶつ》だったオリンピックにも大《おお》きな影響《えいきょう》を与《あた》えるくらい発展《はってん》したのである。

日本《にほん》の未来《みらい》をになう子供《こども》たちが、この本《ほん》を読《よ》むことによって、西欧列強《せいおうれっきょう》の侵略《しんりゃく》に敢然《かんぜん》と立《た》ち向《む》かって、「侵略《しんりゃく》の世界史《せかいし》」を変《か》えた当時《とうじ》の日本人《にほんじん》たちの精神的《せいしんてき》な支《ささ》えになったのが、靖国神社《やすくにじんじゃ》であることを学《まな》んでもらえればと思《おも》うしだいである。

平成《へいせい》二十七年《ねん》十二月八日《がつようか》（日米開戦《にちべいかいせん》の日《ひ》に）

吉本貞昭《よしもとさだあき》

もくじ

第《だい》三章《しょう》　靖国神社《やすくにじんじゃ》と大東亜戦争《だいとうあせんそう》　58

第《だい》一章《しょう》　西欧列強《せいおうれっきょう》の植民地支配《しょくみんちしはい》と日本人《にほんじん》

一　西欧列強《せいおうれっきょう》による植民地支配《しょくみんちしはい》の始《はじ》まり

西欧列強《せいおうれっきょう》による世界進出《せかいしんしゅつ》の始《はじ》まり

十五世紀《せいき》のヨーロッパでは、インドやアジア産《さん》の香辛料《こうしんりょう》（コショウ、シナモン、クローブなど）が食肉《しょくにく》の保存《ほぞん》や調味料《ちょうみりょう》に欠《か》かせないものだった。

しかし、イスラム教《きょう》のオスマン・トルコ帝国《ていこく》（現在《げんざい》のトルコ）は一四五三年《ねん》に、地中海《ちちゅうかい》から西《にし》アジアにいたる大帝国《だいていこく》をつくると、そこを通《とお》る香辛料《こうしんりょう》に対《たい》して、高《たか》い関税《かんぜい》をかけて、イスラム商人《しょうにん》やイタリア商人《しょうにん》の商売《しょうばい》を邪魔《じゃま》するようになった。

このため、これを必要《ひつよう》とするスペインやポルトガルの人々《ひとびと》は、最初《さいしょ》にインドへの新航路《しんこうろ》の開拓《かいたく》に乗《の》り出《だ》していったのである。

その後《ご》、他《た》のヨーロッパ人《じん》たちも、新《あら》たな新航路《しんこうろ》を発見《はっけん》して、アジア、アフリカ、北《きた》アメリカ、太平洋《たいへいよう》にまで進出《しんしゅつ》し、西《にし》アフリカから黒人《こくじん》たちをたくさん奴隷《どれい》（自由をうばわれて労働を目的に売り買いされる人）として連《つ》れ出《だ》して、奴隷貿易《どれいぼうえき》（人間を奴隷にして売ったり、品物と交換したりしてお金をもうけること）をやりながら、巨万《きょまん》の富《とみ》を手《て》に入《い》れるようになっていった。

例《たと》えば、イギリス、オランダ、フランスなどは、十六世紀《せいき》から十八世紀《せいき》にかけて、スペインやポルトガルと同《おな》じように、アジア、アフリカ、北《きた》アメリカなどを植民地《しょくみんち》（外国から移り住んだ人たちによって、ある地域を経済的に開発すること）にして、そこで奴隷《どれい》、工業製品《こうぎょうせいひん》、砂糖《さとう》、綿花《めんか》、タバコなどを取引《とりひき》する「三角貿易《さんかくぼうえき》」を行《おこな》った。

現在《げんざい》、アメリカやヨーロッパに住《す》む黒人《こくじん》たちの先祖《せんぞ》は、このときに西《にし》アフリカから連《つ》れて来《こ》られた黒人《こくじん》たちであるが、この三角貿易《さんかくぼうえき》で、いちばん巨万《きょまん》の富《とみ》を手《て》に入《い》れたのがイギリスの奴隷商人《どれいしょうにん》たちだったのである。

アメリカ独立戦争《どくりつせんそう》の勃発《ぼっぱつ》

その後《ご》、イギリスは、ライバルのスペイン、ポルトガル、フランスとの戦争《せんそう》に勝《か》つと、制海権《せいかいけん》（海上で軍事・通商・航海を支配する力）や北《きた》アメリカの植民地《しょくみんち》を手《て》に入《い》れることに成功《せいこう》するが、イギリスから北《きた》アメリカに移《うつ》り住《す》んだ人《ひと》たちは一七七五年《ねん》に、イギリスから課《か》せられた高《たか》い税金《ぜいきん》に抗議《こうぎ》して、独立《どくりつ》するために戦《たたか》ったのである。この「アメリカ独立戦争《どくりつせんそう》」で、植民地側《しょくみんちがわ》は翌年《よくねん》に、「独立宣言《どくりつせんげん》」を発表《はっぴょう》して一七八三年《ねん》に独立《どくりつ》を達成《たっせい》した。

イギリスによるインド支配《しはい》

こうして、アメリカがイギリスの植民地《しょくみんち》から独立《どくりつ》すると、イギリスは、次《つぎ》にイギリス東《ひがし》インド会社《がいしゃ》を通《つう》じて、自国《じこく》で生産《せいさん》した綿織物《めんおりもの》をインドで安《やす》く売《う》りさばいたため、多《おお》くのインドの職人《しょくにん》たちが失業《しつぎょう》した。

これに怒《おこ》った東《ひがし》インド会社《がいしゃ》に雇《やと》われていたインド兵《へい》が反乱《はんらん》（「セポイの反乱《はんらん》」）を起《お》こすと、失業《しつぎょう》した職人《しょくにん》や農民《のうみん》たちも合流《ごうりゅう》して、全国的《ぜんこくてき》な反乱《はんらん》となったが、イギリスがこれを武力《ぶりょく》で鎮圧《ちんあつ》（しずめおさえつけること）して、インド全土《ぜんど》を支配《しはい》したため、インドはイギリスの植民地《しょくみんち》になった。

ノーベル経済学者《けいざいがくしゃ》のケインズが、イギリスの近代資本主義《きんだいしほんしゅぎ》は、この時代《じだい》の経済発展《けいざいはってん》と資本蓄積《しほんちくせき》によって誕生《たんじょう》したと述《の》べているように、イギリスは、インドを手《て》に入《い》れると、東南《とうなん》アジアやアフリカも植民地《しょくみんち》にして、どんなヨーロッパの国《くに》よりも、たくさんの資源《しげん》（物を作るのに必要な材料）や資本《しほん》（仕事に必要なお金・土地・労働力）

ジョン・M・ケインズ

を持《も》った国《くに》になるのである。

アヘン戦争《せんそう》と清国《しんこく》への進出《しんしゅつ》

次《つぎ》に、イギリスがねらったのが、東《ひがし》アジアで巨大市場《きょだいしじょう》を持《も》つ大国《たいこく》の清国《しんこく》であった。イギリスは、清国《しんこく》に対《たい》して自国《じこく》で大量《たいりょう》に生産《せいさん》した木綿製品《もめんせいひん》を売《う》りつけようとしたが、清国《しんこく》はいろいろな条件《じょうけん》をつけて、イギリスと自由貿易《じゆうぼうえき》を行《おこな》おうとはしなかった。

当時《とうじ》のヨーロッパでは、紅茶《こうちゃ》を飲《の》む習慣《しゅうかん》が広《ひろ》まっていたことで、イギリスは清国《しんこく》から輸入《ゆにゅう》するお茶《ちゃ》の代金《だいきん》として、多額《たがく》の銀《ぎん》を清国《しんこく》に払《はら》わなければならなかった。

これによって、イギリスは、清国《しんこく》との貿易《ぼうえき》で大《おお》きな赤字《あかじ》をかかえるようになると、本国《ほんごく》で作《つく》った木綿製品《もめんせいひん》をインドで売《う》りさばき、そこで手《て》に入《い》れたお金《かね》で、今度《こんど》はインド産《さん》の麻薬《まやく》（からだに入れると、気持ちがよくなる薬物のこと。いつも使っていると中毒になるため現在では、ほとんどの国で禁止されている）であるアヘンを密貿易《みつぼうえき》によって、清国《しんこく》で売《う》りさばき、さらに手《て》に入《い》れたお金《かね》で清国《しんこく》のお茶《ちゃ》・絹《きぬ》・陶磁器《とうじき》を買《か》って、本国《ほんごく》で売《う》りさばくという、新《あら》たな三角貿易《さんかくぼうえき》を始《はじ》めることで、莫大《ばくだい》な利益《りえき》を手《て》に入《い》れるのである。

この密貿易《みつぼうえき》によって、清国《しんこく》ではアヘンの中毒患者《ちゅうどくかんじゃ》がしだいに増《ふ》えたことで、一八三九年《ねん》に、イギリスとの密貿易《みつぼうえき》が禁止《きんし》されたが、これに怒《おこ》ったイギリスは翌年《よくねん》に、清国《しんこく》と戦争《せんそう》を起《お》こして、圧勝《あっしょう》（圧倒的に勝つこと）するのである。

これをアヘン戦争《せんそう》というが、その後《ご》、清国《しんこく》は再《ふたた》びイギリスと戦《たたか》ったが、近代化《きんだいか》に遅《おく》れた清国《しんこく》は敗北《はいぼく》して、イギリスの他《ほか》にフランス、ロシア、アメリカとも、いろいろな不平等《ふびょうどう》条約《じょうやく》を結《むす》ばされるのである。

これによって、清国《しんこく》は、その後《ご》一〇〇年以上《ねんいじょう》にわたって、半植民地《はんしょくみんち》の立場《たちば》に置《お》かれるのであるが、この十九世紀《せいき》には、他《た》のアジア諸国《しょこく》でも西欧列強《せいおうれっきょう》（アメリカ、オランダ、スペイン、イギリス、フランス）による植民地支配《しょくみんちしはい》が急速《きゅうそく》に進《すす》んでいくのである。

さらに、十九世紀《せいき》には太平洋地域《たいへいようちいき》でも、西欧列強《せいおうれっきょう》による植民地支配《しょくみんちしはい》が急速《きゅうそく》に進《すす》んでいくのであるが、十六世紀《せいき》から十七世紀《せいき》にかけて、スペイン、ポルトガル、オランダが進出《しんしゅつ》した太平洋地域《たいへいようちいき》にはアメリカ、ドイツ、フランスも進出《しんしゅつ》するようになった。

二　明治維新《めいじいしん》はなぜ起《お》こったのか

明治維新《めいじいしん》のきっかけとなったペリー来航《らいこう》

日本《にほん》は、今《いま》から七十一年前《ねんまえ》に大東亜戦争《だいとうあせんそう》に敗《やぶ》れると、連合国軍《れんごうこくぐん》に占領《せんりょう》されるのであるが、戦後《せんご》の日本《にほん》に大《おお》きな変化《へんか》をもたらしたのは、連合国軍最高司令官《れんごうこくぐんさいこうしれいかん》のダグラス・マッカーサー元帥《げんすい》だったと言《い》われている。

しかし、その九十二年前《ねんまえ》の幕末《ばくまつ》の日本《にほん》に大《おお》きな変化《へんか》をもたらした最初《さいしょ》のアメリカ人《じん》こそ、

マシュー・ペリー

嘉永《かえい》六（一八五三）年《ねん》六月《がつ》に、江戸《えど》からほど近《ちか》い神奈川《かながわ》の浦賀沖《うらがおき》にあらわれた黒船《くろふね》四隻《せき》を指揮《しき》したアメリカ海軍東《かいぐんひがし》インド艦隊司令長官《かんたいしれいちょうかん》のマシュー・ガルブレイス・ペリー提督《ていとく》だったのである。

このペリー来航《らいこう》は、鎌倉時代《かまくらじだい》から続《つづ》いた武家政治《ぶけせいじ》を終《お》わらせ、日本《にほん》をヨーロッパのような近代国家《きんだいこっか》に作《つく》り変《か》えるためのきっかけとなる大《おお》きな出来事《できごと》だったからである。

十九世紀《せいき》になると、日本《にほん》の近海《きんかい》でもロシアなどの外国船《がいこくせん》が、しばしばあらわれるようになっており、ペリー艦隊《かんたい》が来航《らいこう》する七年前《ねんまえ》にも二隻《せき》の黒船《くろふね》が同《おな》じ浦賀沖《うらがおき》に来航《らいこう》して、日本《にほん》に開国《かいこく》を求《もと》めていたが、江戸幕府《えどばくふ》に断《ことわ》られていた。

当時《とうじ》、まだ電灯《でんとう》がなかったアメリカでは、イギリスの産業革命《さんぎょうかくめい》の影響《えいきょう》を受《う》けて工場《こうじょう》で休《やす》まずに働《はたら》き続《つづ》けるために、ランプの灯火《とうか》が使《つか》われていたが、その燃料《ねんりょう》はマッコウクジラの鯨油《げいゆ》（クジラから取れる油）から取《と》ったものだった。アメリカは、このランプの燃料《ねんりょう》を手《て》に入《い》れるために太平洋《たいへいよう》で捕鯨《ほげい》をしていたことから、捕鯨船《ほげいせん》に必要《ひつよう》な薪《まき》、水《みず》、食料《しょくりょう》、石炭《せきたん》を手《て》に入《い》れる場所《ばしょ》として、日本《にほん》に開国《かいこく》を求《もと》めたと言《い》われている。

しかし、その本当《ほんとう》の理由《りゆう》は、巨大《きょだい》な市場《しじょう》を持《も》つ清国《しんこく》と貿易《ぼうえき》を行《おこな》うための中継基地《ちゅうけいきち》として日本《にほん》を利用《りよう》することにあったのである。アメリカは一八四八年《ねん》に、メキシコとの戦争《せんそう》に勝《か》つと、太平洋岸《たいへいようがん》にあるカリフォルニアなどの土地《とち》をメキシコから奪《うば》って、その勢力《せいりょく》を太平洋岸《たいへいようがん》にまで拡大《かくだい》していた。

アメリカは、この太平洋岸《たいへいようがん》から蒸気船《じょうきせん》を使《つか》って、清国《しんこく》からお茶《ちゃ》と絹《きぬ》を輸入《ゆにゅう》して、アメリカのボストンで生産《せいさん》された綿花製品《めんかせいひん》を清国《しんこく》に輸出《ゆしゅつ》したいと思《おも》っていたが、その両国《りょうこく》の間《あいだ》にあったのが、たまたま日本《にほん》だったというわけである。

清国《しんこく》がアヘン戦争《せんそう》に負《ま》けると、他《た》の西欧列強《せいおうれっきょう》が次々《つぎつぎ》と清国《しんこく》に進出《しんしゅつ》してきたことから、アメリカは、なかなか開国《かいこく》に応《おう》じない日本《にほん》に焦《あせ》りを感《かん》じていた。このまま日本《にほん》が開国《かいこく》しなければ、他《た》の西欧列強《せいおうれっきょう》に先《さき》に清国《しんこく》の市場《しじょう》を独占《どくせん》されることになる。そこで、アメリカは、急《いそ》いでペリー艦隊《かんたい》を派遣《はけん》して、日本《にほん》に開国《かいこく》を迫《せま》ることにしたのである。

日本《にほん》の開国《かいこく》

すでに江戸《えど》幕府《ばくふ》の老中《ろうじゅう》（将軍の下で政治について責任をもち各藩の大名の取りしまりをした人）たちは、アヘン戦争《せんそう》に負《ま》けた清国《しんこく》がイギリスに領土《りょうど》の一部《いちぶ》（香港《ホンコン》）を奪《うば》われ、不平等条約《ふびょうどうじょうやく》を結《むす》ばされたことをオランダの商人《しょうにん》から教《おし》えてもらっていた。このことに大《おお》きなショックを受《う》けた老中《ろうじゅう》たちは、ペリー艦隊《かんたい》三隻《せき》が来航《らいこう》して開港《かいこう》を迫《せま》ると、はっきりと返事《へんじ》をせずに、翌年《よくねん》に返事《へんじ》をすると約束《やくそく》した。

翌年《よくねん》三月《がつ》に、再《ふた》びペリー艦隊《かんたい》七隻《せき》が日本《にほん》に来航《らいこう》すると、幕府《ばくふ》の老中《ろうじゅう》たちは、アヘン戦争《せんそう》で負《ま》けた清国《しんこく》と同《おな》じようにならないために、先《さき》にアメリカ船《せん》への薪《まき》、石炭《せきたん》、水《みず》、食料《しょくりょう》の提供《ていきょう》、下田《しもだ》、箱館《はこだて》の開港《かいこう》、領事《りょうじ》の駐在《ちゅうざい》許可《きょか》、アメリカへの最恵国待遇《さいけいこくたいぐう》（通商条約を結ぶ国の中で最も有利なあつかいを受けること）

などを認《みと》めた「日米和親条約《にちべいわしんじょうやく》」を結《むす》んで開国《かいこく》することに決《き》めるのである。

その後《ご》、幕府《ばくふ》は、イギリス、ロシア、オランダともアメリカと同《おな》じように和親条約《わしんじょうやく》を結《むす》ぶのであるが、これによって二一二年間《ねんかん》も続《つづ》いた日本《にほん》の鎖国政策《さこくせいさく》は終《お》わったのである。

日本《にほん》を西欧列強《せいおうれっきょう》の侵略《しんりゃく》から守《まも》った不平等条約《ふびょうどうじょうやく》

江戸幕府《えどばくふ》は、その四年後《ねんご》の安政《あんせい》五（一八五八）年《ねん》六月《がつ》に、「日米修好通商条約《にちべいしゅうこうつうしょうじょうやく》」を結《むす》び、八月《がつ》にはロシア、オランダ、イギリスと、九月《がつ》にはフランスと同《おな》じ条約《じょうやく》を結《むす》んだ。

ところが、この国際条約《こくさいじょうやく》は、日本《にほん》に対《たい》して「治外法権《ちがいほうけん》」（外国人が国内で犯罪を犯した場合、その国の法律ではなく、外国の法律で裁く権利）や「関税自主権《かんぜいじしゅけん》」（その国が外国の輸入品に対して自由に税金をかける権利）が認《みと》められていなかったことから、日本《にほん》にとっては非常《ひじょう》に不平等《ふびょうどう》な条約《じょうやく》だったのである。

確《たし》かに、日本《にほん》が西欧列強《せいおうれっきょう》と結《むす》んだ条約《じょうやく》は、一見《いっけん》すると不利益《ふりえき》な条約《じょうやく》のように見《み》えるかもしれないが、日本《にほん》が西欧列強《せいおうれっきょう》と国際条約《こくさいじょうやく》を結《むす》ぶということは、たとえ、その内容《ないよう》が不平等《ふびょうどう》なものであったとしても、国際条約《こくさいじょうやく》である以上《いじょう》、その条約《じょうやく》を結《むす》ぶ相手国《あいてこく》を主権国家《しゅけんこっか》（国家の政治のあり方を他国から口出しされないで自国で決めることができる国家）として認《みと》めなければならないのである。たとえ、その国《くに》がヨーロッパのような近代国家《きんだいこっか》でなかったとしても、相手国《あいてこく》から主権《しゅけん》国家《こっか》として認《みと》められた以上《いじょう》は、その国《くに》を簡単《かんたん》に植民地《しょくみんち》にしたり、併合《へいごう》（いくつかのものを合わせて一つにすること）したりすることができなくなるのである。

これが当時《とうじ》の国際法《こくさいほう》のルールだったことから、日本《にほん》が西欧列強《せいおうれっきょう》と国際条約《こくさいじょうやく》を結《むす》ぶということは、日本《にほん》が国際法《こくさいほう》を中心《ちゅうしん》とする国際社会《こくさいしゃかい》に組《く》み込《こ》まれることを意味《いみ》していたのである。

このように、日本《にほん》が西欧列強《せいおうれっきょう》と結《むす》んだ不平等条約《ふびょうどうじょうやく》は、西欧列強《せいおうれっきょう》（特《とく》にロシア帝国《ていこく》）の侵略《しんりゃく》を防《ふせ》ぐという意味《いみ》で、大《おお》きな役割《やくわり》を果《は》たすことになるのであるが、この不平等条約《ふびょうどうじょうやく》を改正《かいせい》するには、西欧列強《せいおうれっきょう》から日本《にほん》がヨーロッパのような文明国《ぶんめいこく》として認《みと》められる必要《ひつよう》があったのである。

明治維新《めいじいしん》の始《はじ》まり

こうした中《なか》で、十九世紀《せいき》から始《はじ》まった西欧列強《せいおうれっきょう》によるアジア侵略《しんりゃく》や清国《しんこく》の敗北《はいぼく》に、いちばん危機感《ききかん》を感《かん》じていたのは、西日本《にしにほん》の薩摩《さつま》（鹿児島《かごしま》）・長州《ちょうしゅう》（山口《やまぐち》）・土佐《とさ》（高知《こうち》）・肥前《ひぜん》（佐賀《さが》）などの各藩《かくはん》であった。

そこで、彼《かれ》らは、公家《くげ》と一緒《いっしょ》になって、西欧列強《せいおうれっきょう》に弱腰《よわごし》な幕府《ばくふ》を倒《たお》して、天皇《てんのう》を中心《ちゅうしん》に日本《にほん》をヨーロッパを手本《てほん》にした近代国家《きんだいこっか》に作《つく》り変《か》える運動《うんどう》を始《はじ》めるのである。

徳川慶喜

この運動《うんどう》を「明治維新《めいじいしん》」というが、江戸幕府《えどばくふ》十五代将軍《だいしょうぐん》の徳川慶喜《とくがわよしのぶ》は、朝廷《ちょうてい》の側《がわ》から攻撃《こうげき》される前《まえ》に、先《さき》に政治《せいじ》の実権《じっけん》を朝廷《ちょうてい》に返《かえ》して、おとろえた幕府《ばくふ》を立《た》て直《なお》そうとした。

これを「大政奉還《たいせいほうかん》」というが、これによって二六五年間《ねんかん》も続《つづ》いた幕府《ばくふ》は倒《たお》れ、鎌倉時代《かまくらじだい》から続《つづ》いた武家政治《ぶけせいじ》が終《お》わることになるのである。

戊辰戦争《ぼしんせんそう》から版籍奉還《はんせきほうかん》へ

ところが、江戸幕府《えどばくふ》から政権《せいけん》をゆずり受《う》けた朝廷《ちょうてい》は、「王政復古《おうせいふっこ》の大号令《だいごうれい》」をとなえて、将軍《しょうぐん》の徳川慶喜《とくがわよしのぶ》に土地《とち》をさしだすように命令《めいれい》したことから、これに怒《おこ》った幕府《ばくふ》の軍隊《ぐんたい》は、新《あたら》しい政府《せいふ》の軍隊《ぐんたい》と、明治元《めいじがん》（一八六八）年《ねん》一月《がつ》から翌年《よくねん》五月《がつ》にかけて戦争《せんそう》を起《お》こした。

これを「戊辰戦争《ぼしんせんそう》」というが、幕府軍《ばくふぐん》がこの戦《たたか》いに負《ま》けると、権力《けんりょく》を握《にぎ》った明治政府《めいじせいふ》は明治《めいじ》二年《ねん》に、ヨーロッパから文明国《ぶんめいこく》と認《みと》められるために日本《にほん》をヨーロッパのような近代《きんだい》国家《こっか》に作《つく》り変《か》える仕事《しごと》に取《と》りかかるのである。

最初《さいしょ》に、明治政府《めいじせいふ》は、全国《ぜんこく》に三〇〇以上《いじょう》もある諸藩《しょはん》の土地《とち》と領民《りょうみん》を朝廷《ちょうてい》に返《かえ》すことを諸藩《しょはん》の大名《だいみょう》に命《めい》じて、藩《はん》が独自《どくじ》に政治《せいじ》を行《おこな》うことをやめさせた。これを「版籍奉還《はんせきほうかん》」というが、これは藩主《はんしゅ》が知藩事《ちはんじ》と名前《なまえ》を変《か》えただけで、藩《はん》による地方《ちほう》の統治《とうち》はそのまま続《つづ》けられた。

そこで、明治政府《めいじせいふ》は明治《めいじ》四（一八七二）年《ねん》に、藩《はん》の権力《けんりょく》を弱《よわ》くするために兵力《へいりょく》を少《すく》なくすることを知藩事《ちはんじ》に命《めい》じ、さらに諸藩《しょはん》を解体《かいたい》するために「廃藩置県《はいはんちけん》」（諸藩を廃止して、全国を明治政府の管理の下に置くこと）を行《おこな》った。これによって、諸藩《しょはん》は現在《げんざい》のような府県《ふけん》（当時《とうじ》は三府《ふ》七二県《けん》）という単《たん》なる地方《ちほう》の行政区域《ぎょうせいくいき》となり、中央政府《ちゅうおうせいふ》から府知事《ふちじ》と県令《けんれい》が派遣《はけん》されることになった。

士族《しぞく》の反乱《はんらん》の始《はじ》まり

こうした中《なか》で、明治政府《めいじせいふ》が日本《にほん》を近代化《きんだいか》するために廃藩置県《はいはんちけん》などを行《おこな》ったことで明治維新《めいじいしん》に協力《きょうりょく》して戦《たたか》った新政府軍側《しんせいふぐんがわ》の士族《しぞく》（武士《ぶし》）出身《しゅっしん》の兵士《へいし》たちは失業《しつぎょう》してしまうのである。

このため、士族《しぞく》の間《あいだ》で不満《ふまん》が高《たか》まって、全国各地《ぜんこくかくち》で「士族《しぞく》の乱《らん》」（佐賀《さが》の乱《らん》、神風連《しんぷうれん》の乱《らん》、

西郷隆盛

秋月《あきづき》の乱《らん》、萩《はぎ》の乱《らん》、西南戦争《せいなんせんそう》）と呼《よ》ばれる争《あらそ》いが起《お》こった。

この士族《しぞく》の反乱《はんらん》の中《なか》で最《もっと》も有名《ゆうめい》なのが明治《めいじ》十（一八七七）年《ねん》二月《がつ》に、薩摩藩《さつまはん》の西郷隆盛《さいごうたかもり》が起《お》こした西南戦争《せいなんせんそう》であるが、九州《きゅうしゅう》・熊本城《くまもとじょう》の新政府軍《しんせいふぐん》は西郷軍《さいごうぐん》に包囲《ほうい》されながらも、よく耐《た》えたので西郷軍《さいごうぐん》は先《さき》に進《すす》めず、逆《ぎゃく》に新政府《しんせいふ》軍《ぐん》の応援部隊《おうえんぶたい》に圧倒《あっとう》されて、西郷《さいごう》は自殺《じさつ》し、西郷軍《さいごうぐん》は鎮圧《ちんあつ》された。

こうして、明治政府《めいじせいふ》は、士族《しぞく》の反乱《はんらん》を完全《かんぜん》に鎮圧《ちんあつ》したことで、明治維新《めいじいしん》を完了《かんりょう》するのである。

近代国家《きんだいこっか》・日本《にほん》の誕生《たんじょう》

その後《ご》、明治政府《めいじせいふ》は明治《めいじ》二十二（一八八九）年《ねん》二月《がつ》十一日《にち》（紀元節《きげんせつ》）に、日本《にほん》と事情《じじょう》がよく似《に》ているドイツのプロシアの憲法《けんぽう》を参考《さんこう》にして、アジア最初《さいしょ》の近代憲法《きんだいけんぽう》である

「大日本帝国憲法《だいにっぽんていこくけんぽう》」（通称《つうしょう》「帝国憲法《ていこくけんぽう》」）を制定《せいてい》・発布《はっぷ》するとともに、翌年《よくねん》十一月《がつ》に帝国《ていこく》議会《ぎかい》を開催《かいさい》した。

こうして、日本《にほん》は西欧列強《せいおうれっきょう》が一〇〇年《ねん》も、二〇〇年《ねん》もかけて行《おこな》った近代化《きんだいか》をわずか二十年《ねん》たらずで実現《じつげん》したのであるが、このように、当時《とうじ》の日本人《にほんじん》が幕末《ばくまつ》から明治《めいじ》の初《はじ》めにかけて行《おこな》った国《くに》づくりは、歴史上《れきしじょう》、世界《せかい》のどこにも見《み》ることができない独特《どくとく》なものであった。明治維新《めいじいしん》は、ヨーロッパのように一般市民《いっぱんしみん》よって行《おこな》われた運動《うんどう》ではなく、社会《しゃかい》のトップに立《た》つ士族《しぞく》たちが自分《じぶん》の地位《ちい》や待遇《たいぐう》をすてて、西欧列強《せいおうれっきょう》と肩《かた》を並《なら》べる近代国家《きんだいこっか》を作《つく》ろうとしたことに大《おお》きな特徴《とくちょう》があるのである。

コラム①

西欧列強《せいおうれっきょう》は どのような理由《りゆう》で 植民地支配《しょくみんちしはい》を行《おこな》ったのか

十五世紀《せいき》から十七世紀《せいき》にかけてアジア、アメリカ、アフリカ、太平洋地域《たいへいようちいき》を次々《つぎつぎ》と侵略《しんりゃく》していったスペイン人《じん》とポルトガル人《じん》たちが、自分《じぶん》たちの侵略行為《しんりゃくこうい》を正当化《せいとうか》できた理由《りゆう》は、どこにあったのだろうか。

その理由《りゆう》は、先《さき》に未開《みかい》の土地《とち》を発見《はっけん》した者《もの》に、その土地《とち》を奪《うば》う権利《けんり》があるという「発見優先《はっけんゆうせん》の原則《げんそく》」という考《かんが》え方《かた》にあったのである。

たとえ、そこに人間《にんげん》が住《す》んでいたとしても、先《さき》に未開《みかい》の土地《とち》を発見《はっけん》した者《もの》は彼《かれ》らの土地《とち》を奪《うば》って、彼《かれ》らを殺《ころ》しつくしてもかまわないという考《かんが》え方《かた》である。

その後《ご》、オランダ、イギリス、フランス、アメリカ、ロシアは、この「発見優先《はっけんゆうせん》の原則《げんそく》」の代《か》わりに「先占《せんせん》の原則《げんそく》」（たとえ、そこに人《ひと》が住《す》んでいたとしても、国際法《こくさいほう》で認《みと》められた主権《しゅけん》を持《も》つ国《くに》と判断《はんだん》されなければ、誰《だれ》も所有《しょゆう》しない土地《とち》とみなして、最初《さいしょ》に発見《はっけん》した者《もの》に支配《しはい》する権利《けんり》があるという考《かんが》え方《かた》）という新《あたら》しい考《かんが》え方《かた》を唱《とな》えて、スペインやポルトガルに遅《おく》れて、植民地《しょくみんち》の獲得競争《かくとくきょうそう》に乗《の》り出《だ》していくのである。

実《じつ》は、この原則《げんそく》が生《う》まれた背景《はいけい》には、十七世紀前半《せいきぜんはん》にドイツで起《お》こった「三十年《ねん》戦争《せんそう》」の講和条約《こうわじょうやく》として結《むす》ばれた「ウエストファリア条約《じょうやく》」の中《なか》に、国王《こくおう》の領土主権《りょうどしゅけん》が規定《きてい》され、主権《しゅけん》を持《も》つ国家《こっか》への「内政不介入《ないせいふかいにゅう》の原則《げんそく》」が国際間《こくさいかん》で決《き》められたことにある。

このとき、オランダの法学者《ほうがくしゃ》グロティウスは、たとえ、そこに人《ひと》が住《す》んでいたとしても国際法《こくさいほう》で認《みと》められた主権《しゅけん》をもたない未開《みかい》の土地《とち》と判断《はんだん》した場合《ばあい》には、「先占《せんせん》の原則《げんそく》」が適応《てきおう》されるという、西欧列強《せいおうれっきょう》の侵略《しんりゃく》を正当化《せいとうか》する上《うえ》で、大変《たいへん》に都合《つごう》のよい説《せつ》を唱《とな》えるのである。

この新《あたら》しい国際法《こくさいほう》の理論《りろん》を根拠《こんきょ》にして、オランダ、イギリス、フランス、アメリカ、ロシアは、植民地《しょくみんち》の獲得《かくとく》をめざして、アジア、アメリカ、アフリカ、太平洋《たいへいよう》の地域《ちいき》を自己《じこ》の領域《りょういき》として支配《しはい》し、自国《じこく》では手《て》に入《はい》らない資源《しげん》を手《て》に入《い》れていくのである。

こうした西欧列強《せいおうれっきょう》による植民地支配《しょくみんちしはい》の動《うご》きは、やがて東《ひがし》アジアで二五〇年以上《ねんいじょう》にもわたって、鎖国《さこく》を取《と》り続《つづ》けていた日本《にほん》にも大《おお》きな影響《えいきょう》を与《あた》えていったのである。

サン・サルバドル島に上陸するコロンブス

第《だい》二章《しょう》　靖国神社《やすくにじんじゃ》と日本人《にほんじん》

一　靖国神社《やすくにじんじゃ》はなぜ誕生《たんじょう》したのか

東京招魂社《とうきょうしょうこんしゃ》の誕生《たんじょう》

このように、日本《にほん》では、幕末《ばくまつ》から明治《めいじ》十年《ねん》までの間《あいだ》に、戊辰戦争《ぼしんせんそう》や士族《しぞく》の反乱《はんらん》など、いろいろな内乱《ないらん》をくり広《ひろ》げながら、ヨーロッパのような近代国家《きんだいこっか》を作《つく》りあげていったわけである。

こうした中《なか》で、明治政府《めいじせいふ》は、戦火《せんか》に倒《たお》れた新政府軍《しんせいふぐん》の兵士《へいし》たちの霊《れい》を慰《なぐさ》め、鎮《しず》めるために江戸城《えどじょう》や京都《きょうと》・河東操練所《かとうそうれんじょ》などで、戦没者《せんぼっしゃ》のための招魂祭《しょうこんさい》を行《おこな》い、また新政府軍《しんせいふぐん》に参加《さんか》

明治天皇

した諸藩《しょはん》の戦没者《せんぼつしゃ》を合祀《ごうし》する招魂社《しょうこんしゃ》、招魂場《しょうこんじょう》、招魂墳墓《しょうこんふんぼ》などを全国《ぜんこく》各地《かくち》で築《きず》くことを行《おこな》っていた。

もともと日本《にほん》では、平安時代《へいあんじだい》から戦争《せんそう》や天災《てんさい》などで亡《な》くなった人《ひと》たちの霊《れい》を御祭神《ごさいじん》（神社に祀られている神）として祀《まつ》って慰《なぐさ》め鎮《しず》め、霊威《れいい》（霊による不思議な力）がわが身《み》にふりかからないように祈《いの》ることが行《おこな》われていたからである。

そこで、明治天皇《めいじてんのう》は明治《めいじ》二（一八六九）年《ねん》三月《がつ》に、戊辰戦争《ぼしんせんそう》で命《いのち》を落《お》とした新政府軍《しんせいふぐん》の戦没者《せんぼつしゃ》の慰霊《いれい》と、新政府軍《しんせいふぐん》の士気《しき》を高《たか》めるために、東京城《とうきょうじょう》（江戸城《えどじょう》）の近《ちか》くに慰霊《いれい》の場《ば》を築《きず》き、バラバラになっている戦没者《せんぼつしゃ》を一《いっ》カ所《しょ》で祭祀《さいし》することを命《めい》じるのである。

明治政府《めいじせいふ》は同年《どうねん》五月《がつ》に、戊辰戦争《ぼしんせんそう》が終《お》わると、六月《がつ》二十七日《にち》に、当時《とうじ》の東京府《とうきょうふ》から受領《じゅりょう》した九段坂上三番町通元歩兵屯所《くだんざかうえさんばんちょうどおりもとほへいとんしょ》の跡《あと》に「東京招魂社《とうきょうしょうこんしゃ》」を完成《かんせい》させ、翌日《よくじつ》に第《だい》一回目《かいめ》の招魂式《しょうこんしき》で、戊辰戦争《ぼしんせんそう》で戦死《せんし》した三五八八人《にん》の新政府軍兵士《しんせいふぐんへいし》を御祭神《ごさいじん》として祀《まつ》ったが、まだ

東京招魂社

現在の靖国神社（著者撮影）

このときは社殿《しゃでん》が完全《かんぜん》ではなかった。

明治《めいじ》五（一八七二）年《ねん》に、ようやく完成《かんせい》した本殿《ほんでん》には木曽《きそ》や日光《にっこう》の山林《さんりん》から選《えら》んだ質《しつ》の良《よ》い木材《もくざい》が使《つか》われており、当時《とうじ》としては最《もっと》も大《おお》きい招魂社《しょうこんしゃ》の建築《けんちく》であった。

東京招魂社《とうきょうしょうこんしゃ》は同年《どうねん》に、陸軍省《りくぐんしょう》と海軍省《かいぐんしょう》が共同《きょうどう》で管理《かんり》することになり、内務省《ないむしょう》が祭式《さいしき》や神職《しんしょく》を任免《にんめん》することになった。

東京招魂社《とうきょうしょうこんしゃ》とは、あくまで天皇陛下《てんのうへいか》への忠誠《ちゅうせい》をつくすために、また国家《こっか》の大事遂行《だいじすいこう》（大きなことをなしとげること）のために亡《な》くなった人々《ひとびと》の霊《れい》を祀《まつ》ることを目的《もくてき》にした社《やしろ》である。

このため、戊辰戦争《ぼしんせんそう》や士族《しぞく》の乱《らん》などで新政府側《しんせいふがわ》について戦《たたか》った者《もの》は、「官軍《かんぐん》」と呼《よ》ばれて合祀《ごうし》されたが、旧幕府軍側《きゅうばくふぐんがわ》について戦《たたか》った者《もの》は「賊軍《ぞくぐん》」と呼《よ》ばれ、合祀《ごうし》されることはなかったのである。

東京招魂社《とうきょうしょうこんしゃ》から靖国神社《やすくにじんじゃ》へ

戊辰戦争《ぼしんせんそう》が終《お》わった後《あと》も、全国各地《ぜんこくかくち》で士族《しぞく》の反乱《はんらん》が続《つづ》いたことから、東京招魂社《とうきょうしょうこんしゃ》は、官軍側《かんぐんがわ》について戦《たたか》った者《もの》を祀《まつ》るために御祭神《ごさいじん》の数《かず》を増《ふ》やしていった。たとえば、西南戦争《せいなんせんそう》で亡《な》くなった官軍《かんぐん》の兵士《へいし》の数《かず》は六九五一人《にん》であったことから、合祀《ごうし》の数《かず》が約《やく》二倍《ばい》にも増《ふ》えたのである。

そこで、明治政府《めいじせいふ》と陸海軍省《りくかいぐんしょう》は、東京招魂社《とうきょうしょうこんしゃ》を「社《しゃ》」から「神社《じんじゃ》」に格上《かくあ》げすることに決《き》め、明治《めいじ》十二年《ねん》六月四日《がつよっか》に、東京招魂社《とうきょうしょうこんしゃ》を現在《げんざい》の靖国神社《やすくにじんじゃ》に改《あらた》めるのであるが、この靖国神社《やすくにじんじゃ》の「靖国《やすくに》」という社号《しゃごう》は、「安《やす》らかに国《くに》を治《おさ》める」という意味《いみ》で、古代中国《こだいちゅうごく》の歴史書《れきししょ》『春秋左氏伝《しゅんじゅうさしでん》』にある「吾《われ》は以《も》って国《くに》を靖《やす》んずるなり」という言葉《ことば》からとられ、明治天皇《めいじてんのう》によって命名《めいめい》されたものである。

二　日本人《にほんじん》は靖国神社《やすくにじんじゃ》をどのように見《み》ているのか

靖国神社《やすくにじんじゃ》の役割《やくわり》

これまで述《の》べてきたように、日本人《にほんじん》は幕末《ばくまつ》に、西欧列強《せいおうれっきょう》の植民地《しょくみんち》にならないように、日本《にほん》を封建国家《ほうけんこっか》から近代国家《きんだいこっか》に作《つく》り変《か》える運動《うんどう》を行《おこな》った。そして、日本人《にほんじん》は、アジアで最初《さいしょ》の近代国家《きんだいこっか》を作《つく》ることに成功《せいこう》するのであるが、この国家《こっか》に住《す》む人《ひと》たちは、同《おな》じ国民《こくみん》としての意識《いしき》を持《も》ちながら、国家《こっか》に対《たい》して、大《おお》きな責任《せきにん》を持《も》った存在《そんざい》なのである。

同《おな》じ国民《こくみん》としての意識《いしき》を持《も》った人《ひと》たちが住《す》む国家《こっか》を「国民国家《こくみんこっか》」というが、明治維新《めいじいしん》によって、日本《にほん》が国民国家《こくみんこっか》になると、日本人《にほんじん》はその国民国家《こくみんこっか》の一員《いちいん》として、心《こころ》と力《ちから》を一《ひと》つにして、戦争《せんそう》に参加《さんか》することが義務《ぎむ》となってくるのである。

これに対《たい》して、国家《こっか》は、国民国家《こくみんこっか》の一員《いちいん》としての義務《ぎむ》を果《は》たすために死《し》んだ者《もの》に対《たい》して、尊敬《そんけい》と追悼《ついとう》を捧《ささ》げる義務《ぎむ》を負《お》わなければならないのである。

このお互《たが》いの約束《やくそく》によって、国民国家《こくみんこっか》が形成《けいせい》されるのだから、もし国家《こっか》が戦没者《せんぼつしゃ》を追悼《ついとう》しなければ、国民《こくみん》は国家《こっか》に奉仕《ほうし》する義務《ぎむ》はなくなるのである。

この約束《やくそく》を守《まも》るために、世界中《せかいじゅう》の国民国家《こくみんこっか》が行《おこな》ったのが、戦没者《せんぼつしゃ》を弔《とむら》うための追悼施設《ついとうしせつ》の建設《けんせつ》であった。これをアメリカでは、「アーリントン国立墓地《こくりつぼち》」「無名戦士《むめいせんし》の墓《はか》」、イギリスでは「セノタフ」、ドイツでは「イノエ・ヴァッヘ」、イタリアでは「祖国《そこく》の祭壇《さいだん》」、フランスでは「無名戦士《むめいせんし》の墓《はか》」、中国《ちゅうごく》では「人民英雄紀年碑《じんみんえいゆうきねんひ》」、韓国《かんこく》では「ソウル国立墓地《こくりつぼち》」というのである。

日本《にほん》では、この追悼施設《ついとうしせつ》に当《あ》たるのが靖国神社《やすくにじんじゃ》であるが、靖国神社《やすくにじんじゃ》は明治《めいじ》十二年《ねん》六月《がつ》四日《よっか》に、東京招魂社《とうきょうしょうこんしゃ》から靖国神社《やすくにじんじゃ》に社号《しゃごう》が変《か》わると、「別格官幣社《べっかくかんぺいしゃ》」として格付《かくづ》けされた。

別格官幣社《べっかくかんぺいしゃ》とは、人物《じんぶつ》を御祭神《ごさいじん》として祀《まつ》るための神社《じんじゃ》のことである。しかし、靖国神社《やすくにじんじゃ》は、楠木正成《くすのきまさしげ》の湊川神社《みなとがわじんじゃ》や上杉謙信《うえすぎけんしん》の上杉神社《うえすぎじんじゃ》のように、歴史上《れきしじょう》の人物《じんぶつ》を御祭神《ごさいじん》として祀《まつ》る神社《じんじゃ》とは違《ちが》って、天皇陛下《てんのうへいか》や国家《こっか》に対《たい》して、大《おお》きな功績《こうせき》のあった人物《じんぶつ》を祀《まつ》る神社《じんじゃ》という点《てん》で、他《た》の神社《じんじゃ》よりも、国家《こっか》と密接《みっせつ》につながった神社《じんじゃ》なのである。

言《い》うなれば、靖国神社《やすくにじんじゃ》とは国家《こっか》や皇室《こうしつ》・皇族《こうぞく》を守《まも》るために戦《たたか》って死《し》んだ軍人《ぐんじん》や軍属《ぐんぞく》（軍人以外で軍隊に所属して仕事をする人）を中心《ちゅうしん》とする戦没者《せんぼつしゃ》を神道《しんとう》の祭式《さいしき》で祭祀《さいし》・合祀《ごうし》するための神社《じんじゃ》なのである。だから、戦没者《せんぼつしゃ》が靖国神社《やすくにじんじゃ》に合祀《ごうし》されるということは、戦没者《せんぼつしゃ》にとって、最高《さいこう》の名誉《めいよ》であり、鎮魂《ちんこん》なのである。

戦没者《せんぼつしゃ》が靖国神社《やすくにじんじゃ》に御祭神《ごさいじん》として、合祀《ごうし》されるということは、戦没者《せんぼつしゃ》が英雄的《えいゆうてき》な存在《そんざい》であり、聖《せい》なる存在《そんざい》であることが国家《こっか》によって認《みと》められたことになるのである。このことは遺族《いぞく》にとっても、最高《さいこう》の名誉《めいよ》であり、誇《ほこ》りなのである。

このように、新《あたら》しい日本《にほん》とともに誕生《たんじょう》した靖国神社《やすくにじんじゃ》は、日本人《にほんじん》に同《おな》じ国民《こくみん》であるという気持《きも》ちを持《も》たせて、国家《こっか》や皇室《こうしつ》・皇族《こうぞく》を守《まも》るために命《いのち》を捧《ささ》げる者《もの》を生《う》み出《だ》す上《うえ》で、大《おお》きな役割《やくわり》を果《は》たしたのである。

三　靖国神社《やすくにじんじゃ》は日清《にっしん》・日露戦争《にちろせんそう》をどのように見《み》ているのか

日清戦争《にっしんせんそう》はなぜ起《お》こったのか

日本《にほん》は、明治維新《めいじいしん》を達成《たっせい》すると、朝鮮半島《ちょうせんはんとう》にも大《おお》きな関心《かんしん》を向《む》けなければならなくなった。ロシアが太平洋《たいへいよう》への出口《でぐち》と不凍港《ふとうこう》（冬になっても海が凍らない港）を求《もと》めて、朝鮮半島《ちょうせんはんとう》に進出《しんしゅつ》して植民地《しょくみんち》にすれば、日本《にほん》は危機的《ききてき》な状態《じょうたい》におちいるからである。

そこで、明治政府《めいじせいふ》は明治元年《めいじがんねん》十二月《がつ》に、朝鮮政府《ちょうせんせいふ》に使者《ししゃ》を派遣《はけん》して日本《にほん》と国交《こっこう》を結《むす》び、日本《にほん》と同《おな》じように近代化《きんだいか》と富国強兵《ふこくきょうへい》を行《おこな》うように勧《すす》めたが、清国《しんこく》の属国《ぞっこく》である朝鮮《ちょうせん》は日本《にほん》との国交《こっこう》を断《ことわ》ってきた。

明治政府《めいじせいふ》は明治《めいじ》八（一八七五）年《ねん》九月二十日《がつはつか》に、「江華島事件《こうかとうじけん》」（日本が沿海を測量するため、朝鮮の近海に軍艦を派遣したときに、朝鮮の江華島砲台から砲撃された事件）が起《お》こると、これをきっかけに朝鮮《ちょうせん》に圧力《あつりょく》をかけて、強引《ごういん》に「日朝修好条規《にっちょうしゅうこうじょうき》」を結《むす》ばせ、開国《かいこく》させるのである。

確《たし》かに、この国際条約《こくさいじょうやく》は不平等条約《ふびょうどうじょうやく》ではあったが、そこには「朝鮮国《ちょうせんこく》ハ自主《じしゅ》ノ邦《くに》ニシテ」と書《か》かれているように、日本《にほん》は朝鮮《ちょうせん》を清国《しんこく》の支配《しはい》から独立《どくりつ》させて、日本《にほん》と同盟《どうめい》を結《むす》ばせ、日本《にほん》と同《おな》じように富国強兵《ふこくきょうへい》を行《おこな》って、朝鮮《ちょうせん》を近代化《きんだいか》していくことが目的《もくてき》だったのである。

日本《にほん》が朝鮮《ちょうせん》を無理《むり》やりに開国《かいこく》させて、不平等条約《ふびょうどうじょうやく》を結《むす》んだ背景《はいけい》には、こうした事情《じじょう》があったことを忘《わす》れてはならないだろう。

にもかかわらず、日本《にほん》の歴史教科書《れきしきょうかしょ》では、単《たん》に日本《にほん》が朝鮮《ちょうせん》に不平等条約《ふびょうどうじょうやく》を結《むす》ばせて、大陸《たいりく》に勢力《せいりょく》をのばそうとしたため、清国《しんこく》と対立《たいりつ》するようになったと説明《せつめい》しているのである。日本《にほん》が朝鮮《ちょうせん》の独立《どくりつ》を認《みと》めても、朝鮮《ちょうせん》の宗主国《そうしゅこく》（他国を属国にしている国）である清国《しんこく》が朝鮮《ちょうせん》の独立《どくりつ》を認《みと》めなかったため、しだいに日本《にほん》と清国《しんこく》は対立《たいりつ》を深《ふか》めていったと、本当《ほんとう》の理由《りゆう》を書《か》かなければ、日本《にほん》はただの侵略国家《しんりゃくこっか》になってしまうだろう。

さらに、明治政府《めいじせいふ》は明治《めいじ》十五（一八八二）年《ねん》に、清国《しんこく》に対《たい》して日本《にほん》・清国《しんこく》・朝鮮《ちょうせん》の国益《こくえき》を保証《ほしょう》し、東《ひがし》アジアの平和《へいわ》と安定《あんてい》をはかるために、「朝鮮《ちょうせん》の永世中立化案《えいせいちゅうりつかあん》（朝鮮が永久に戦争に参加しないで、どこの国からも、独立や安全を保障されるという考え方）」を提案《ていあん》（案を提出すること）した。しかし、清国《しんこく》は「琉球処分《りゅうきゅうしょぶん》」の問題《もんだい》〔明治十二（一八七九）年に、明治政府が琉球藩を廃止して沖縄県を設置したこと〕を持《も》ちだしてきたことから、この構想《こうそう》は挫折《ざせつ》した。

そこで、明治政府《めいじせいふ》は明治《めいじ》二十七（一八九四）年《ねん》七月《がつ》二十五日《にち》に、朝鮮《ちょうせん》を清国《しんこく》の影響《えいきょう》から取《と》り除《のぞ》くために、豊島沖《ほうとうおき》で清国艦隊《しんこくかんたい》に奇襲攻撃《きしゅうこうげき》をかけて、清国《しんこく》と戦争《せんそう》を始《はじ》めるのである。

これが「日清戦争《にっしんせんそう》」の始《はじ》まりであるが、日本海軍《にほんかいぐん》が九月《がつ》に、清国《しんこく》の北洋艦隊《ほくようかんたい》を黄海海戦《こうかいかいせん》で破《やぶ》ると、陸軍《りくぐん》は翌年《よくねん》二月《がつ》に、山東半島《さんとうはんとう》の威海衛《いかいえい》を占領《せんりょう》して、日本《にほん》は東《ひがし》アジアでいちばん強《つよ》い清国《しんこく》に打《う》ち勝《か》つのである。

こうして、日清戦争《にっしんせんそう》が終《お》わると、明治政府《めいじせいふ》は同年《どうねん》四月《がつ》に、講和会議《こうわかいぎ》を開《ひら》いて、清国《しんこく》の間《あいだ》で「日清講和条約《にっしんこうわじょうやく》」（以後《いご》、「下関条約《しものせきじょうやく》」と略《りゃく》す）を結《むす》び、朝鮮《ちょうせん》の独立《どくりつ》や日本《にほん》に対《たい》する賠償金《ばいしょうきん》（相手に与えた損害をつぐなうお金）、遼東半島《りょうとうはんとう》・台湾《たいわん》・澎湖諸島《ほうこしょとう》の割譲《かつじょう》（土地などの一部をさいて他の者にゆずること）などを認《みと》めさせるのである。

清国《しんこく》を目覚《めざ》めさせた日清戦争《にっしんせんそう》

では、この日清戦争《にっしんせんそう》は、どのような影響《えいきょう》を清国《しんこく》に与《あた》えたのだろうか。

日本《にほん》が清国《しんこく》と戦《たたか》った理由《りゆう》は、朝鮮《ちょうせん》の独立《どくりつ》を認《みと》めさせると同時《どうじ》に、近代化《きんだいか》に遅《おく》れた清国《しんこく》を目覚《めざ》めさせることにあった。

もともと、清国《しんこく》の統治《とうち》システムは、明治政府《めいじせいふ》が作《つく》った中央集権体制《ちゅうおうしゅうけんたいせい》（政府に権限を持たせた統治システム）とは違《ちが》って、日本《にほん》の江戸時代《えどじだい》のような地方集権体制《ちほうしゅうけんたいせい》（地方に権限を持たせた統治システム）であった。

このため、清国《しんこく》の軍隊《ぐんたい》も、日本《にほん》のように政府《せいふ》が持《も》っているのではなくて、地方《ちほう》の有力者《ゆうりょくしゃ》が持《も》っていることから、清国《しんこく》の軍隊《ぐんたい》は日本《にほん》のように統一《とういつ》された組織《そしき》ではなかった。

後《のち》に、中華民国《ちゅうかみんこく》の初代大総統《しょだいだいそうとう》になる袁世凱《えんせいがい》も、「わが軍《ぐん》の弱《よわ》さは統一的組織《とういつてきそしき》もなければ、厳《きび》しい規律《きりつ》もないことだ」と述《の》べているように、清国《しんこく》がアヘン戦争《せんそう》や清仏戦争《しんふつせんそう》と同《おな》じように、日清戦争《にっしんせんそう》に負《ま》けたのは、日本人《にほんじん》のように国家《こっか》が危機《きき》に直面《ちょくめん》したときに、国民《こくみん》が心《こころ》や力《ちから》を一《ひと》つにして戦《たたか》った戦争《せんそう》ではなく、一部《いちぶ》の地方《ちほう》の軍隊《ぐんたい》だけで戦《たたか》った戦争《せんそう》だったからである。

やがて、清国《しんこく》では、自分《じぶん》たちの弱点《じゃくてん》に気《き》がつくと、日本《にほん》に対《たい》する関心《かんしん》が高《たか》まって、日本《にほん》のように政治制度《せいじせいど》を改革《かいかく》して、近代国家《きんだいこっか》をめざす政治改革運動《せいじかいかくうんどう》が生《う》まれてくるのである。

これを「戊戌維新《ぼじゅついしん》」というが、これによって、日本《にほん》に留学《りゅうがく》する清国《しんこく》の学生《がくせい》がしだいに増《ふ》えていったことから、明治政府《めいじせいふ》は、清国留学生《しんこくりゅうがくせい》の人材《じんざい》を育成《いくせい》するために学校《がっこう》を開校《かいこう》し、彼《かれ》らとともに西欧列強《せいおうれっきょう》の侵略《しんりゃく》からアジアを守《まも》ることをめざしていくのである。

東《ひがし》アジア世界《せかい》の国際秩序《こくさいちつじょ》に大《おお》きな影響《えいきょう》を与《あた》えた日清戦争《にっしんせんそう》

では、この日清戦争《にっしんせんそう》は、どのような影響《えいきょう》を東《ひがし》アジア世界《せかい》に与《あた》えたのだろうか。

日本《にほん》は、清国《しんこく》と下関条約《しものせきじょうやく》という国際条約《こくさいじょうやく》を結《むす》ぶことで、清国《しんこく》に朝鮮《ちょうせん》の独立《どくりつ》を認《みと》めさせることに成功《せいこう》したが、この戦争《せんそう》は、単《たん》に東《ひがし》アジア世界《せかい》で起《お》こった大国《たいこく》と一小国《いちしょうこく》との戦争《せんそう》ではなかったのである。

日清戦争《にっしんせんそう》は、一八九五年《ねん》四月《がつ》二十三日付《にちづけ》の英紙《えいし》『タイムス』が日清戦争《にっしんせんそう》によって「極東《きょくとう》には新《あたら》しい世界《せかい》が誕生《たんじょう》した」と述《の》べているように、それまで東《ひがし》アジア世界《せかい》にあった古《ふる》い国際《こくさい》秩序《ちつじょ》を解体《かいたい》して、新《あたら》しい国際秩序《こくさいちつじょ》を生《う》み出《だ》すきっかけを作《つく》った戦争《せんそう》でもあったのである。

清国《しんこく》が日本《にほん》に敗《やぶ》れるまで、東《ひがし》アジア世界《せかい》には、周辺諸国《しゅうへんしょこく》が清国《しんこく》に対《たい》して忠誠《ちゅうせい》を誓《ちか》うことで自国《じこく》の安全《あんぜん》が保障《ほしょう》されるという国際秩序《こくさいちつじょ》があった。これを「華夷秩序《かいちつじょ》」というが、日本《にほん》が日清戦争《にっしんせんそう》で今《いま》まであった東《ひがし》アジア世界《せかい》の国際秩序《こくさいちつじょ》を解体《かいたい》したことによって、国家《こっか》どうしは国際条約《こくさいじょうやく》に基《もと》づいて、国交《こっこう》を結《むす》ぶという新《あたら》しい国際秩序《こくさいちつじょ》が東《ひがし》アジア世界《せかい》に誕生《たんじょう》したのである。

日露戦争《にちろせんそう》はなぜ起《お》こったのか

ところが、ロシア、ドイツ、フランスの三国《さんごく》は、日本《にほん》に対《たい》して「東洋《とうよう》の平和《へいわ》を守《まも》るために、清国《しんこく》から譲《ゆず》り受《う》けた遼東半島《りょうとうはんとう》の南端《なんたん》を返《かえ》すように」と要求《ようきゅう》してきた。

これを「三国干渉《さんごくかんしょう》」というが、ロシアは、日本《にほん》に遼東半島《りょうとうはんとう》をとられると、そこにロシア艦隊《かんたい》を置《お》くことができなくなるため、ドイツとフランスをさそって妨害《ぼうがい》してきたのである。

だが、当時《とうじ》の日本《にほん》には、この三国干渉《さんごくかんしょう》を拒《こば》んで、彼《かれ》らと戦《たたか》う国力《こくりょく》がなかったことから、仕方《しかた》なく遼東半島《りょうとうはんとう》を清国《しんこく》に返《かえ》すことにした。

この三国干渉《さんごくかんしょう》を屈辱《くつじょく》であると感《かん》じた明治政府《めいじせいふ》は、「臥薪嘗胆《がしんしょうたん》」（「将来の成功を待って、長い間の苦しみにたえること」）を合言葉《あいことば》に国民《こくみん》を励《はげ》まして、将来《しょうらい》のロシアとの戦《たたか》いに備《そな》え、日本《にほん》の軍隊《ぐんたい》を強化《きょうか》していくのである。

こうして、清国《しんこく》は、日本《にほん》から遼東半島《りょうとうはんとう》を取《と》り戻《もど》すことに成功《せいこう》するのであるが、ロシア、ドイツ、フランスの三国《さんごく》は、三国干渉《さんごくかんしょう》の見返《みかえ》りに清国《しんこく》に対《たい》して、大《おお》きな港《みなと》を貸《か》すように求《もと》めてきた。中《なか》でも、ロシアは、日本《にほん》に清国《しんこく》に返《かえ》すことを求《もと》めた遼東半島南部《りょうとうはんとうなんぶ》の旅順《りょじゅん》と大連《だいれん》を清国《しんこく》から借《か》り受《う》けて、朝鮮半島《ちょうせんはんとう》への進出《しんしゅつ》に必要《ひつよう》な港《みなと》を手《て》に入《い》れるのである。

一方《いっぽう》、日本《にほん》は、日清戦争《にっしんせんそう》に勝《か》って、ようやく朝鮮半島《ちょうせんはんとう》を清国《しんこく》の影響《えいきょう》から取《と》り除《のぞ》くことに成功《せいこう》するが、大韓帝国《だいかんていこく》（明治《めいじ》三十年《ねん》に、国号《こくごう》を朝鮮《ちょうせん》から改称《かいしょう》）は、日本《にほん》と清国《しんこく》の間《あいだ》で結《むす》ばれた「下関条約《しものせきじょうやく》」の中《なか》にある「朝鮮《ちょうせん》の完全独立《かんぜんどくりつ》」を理由《りゆう》に、日本《にほん》の保護《ほご》の下《した》に入《はい》ることを拒《こば》んで、ロシアに接近《せっきん》していくのである。

このため、ロシアは、大韓帝国《だいかんていこく》からの求《もと》めに応《おう》じて、さっそく軍人《ぐんじん》と政治顧問《せいじこもん》を大韓《だいかん》帝国《ていこく》に送《おく》って、大韓帝国《だいかんていこく》への影響《えいきょう》を強《つよ》めようとした。

さらに、ロシアは、そのころ清国《しんこく》で起《お》こった「義和団事件《ぎわだんじけん》」〔明治三十二（一八九九）年に、中国北部の貧しい農民や労働者がドイツの進出やキリスト教の布教に対して起こした抗議運動〕の一味《いちみ》が満州《まんしゅう》に入《はい》ってきたことを理由《りゆう》に、十六万人《まんにん》の軍隊《ぐんたい》を満州《まんしゅう》に送《おく》って全域《ぜんいき》を占領《せんりょう》すると、清国《しんこく》に対《たい》して満州《まんしゅう》での利益《りえき》を無理《むり》やりに認《みと》めさせたのである。

こうしたロシアの動《うご》きに対《たい》して、危機感《ききかん》を抱《いだ》いた日本政府《にほんせいふ》では、ロシアの満州支配《まんしゅうしはい》を認《みと》める代《か》わりに、朝鮮半島《ちょうせんはんとう》に対《たい》する日本《にほん》の指導《しどう》・監督権《かんとくけん》を認《みと》めさせることをロシアに提案《ていあん》して、ロシアとの戦《たたか》いをさけるか、それとも戦争《せんそう》を覚悟《かくご》してロシアと対決《たいけつ》するかで、大《おお》きく意見《いけん》が分《わ》かれた。

そこで、日本政府《にほんせいふ》は、まず伊藤博文《いとうひろぶみ》をロシアに送《おく》って、前者《ぜんしゃ》の案《あん》を提案《ていあん》したが、ロシアは断《ことわ》ってきたことから、日本《にほん》と同《おな》じようにロシアの動《うご》きに危機感《ききかん》を抱《いだ》いているイギリスと同盟《どうめい》を結《むす》ぶことで、ロシアに圧力《あつりょく》をかけて朝鮮半島《ちょうせんはんとう》での日本《にほん》の立場《たちば》を認《みと》めさせることにした。

イギリスも、日本《にほん》と同盟《どうめい》を結《むす》んでロシアに圧力《あつりょく》をかけ、アヘン戦争《せんそう》で手《て》に入《い》れた中国《ちゅうごく》大陸《たいりく》での利益《りえき》を守《まも》ろうとした。

こうして、日本政府《にほんせいふ》は明治《めいじ》三十五（一九〇二）年《ねん》一月《がつ》三十日《にち》に、イギリスと「日英同盟《にちえいどうめい》」を結《むす》ぶと、しだいにロシアとの戦《たたか》いに備《そな》えていくのであるが、それでも日本《にほん》は朝鮮半島《ちょうせんはんとう》に対《たい》する日本《にほん》の指導権《しどうけん》を認《みと》めさせるためにロシアと交渉《こうしょう》を続《つづ》けるのである。

開戦《かいせん》

その後《ご》、ロシアとの交渉《こうしょう》に失敗《しっぱい》した日本政府《にほんせいふ》が明治《めいじ》三十七（一九〇四）年《ねん》二月六日《がつむいか》に、ロシアに国交断絶《こっこうだんぜつ》を告《つ》げると、日本海軍《にほんかいぐん》は八日《ようか》に、朝鮮半島《ちょうせんはんとう》の仁川沖《じんせんおき》と旅順港《りょじゅんこう》に停泊《ていはく》するロシアの旅順艦隊《りょじゅんかんたい》（第《だい》一太平洋艦隊《たいへいようかんたい》）に奇襲攻撃《きしゅうこうげき》を行《おこな》った。

乃木希典

その後《ご》、第一、二軍《ぐん》がロシア軍《ぐん》に連勝《れんしょう》すると日本海軍《にほんかいぐん》は、第三軍《だいぐん》司令官《しれいかん》の乃木希典大将《のぎまれすけたいしょう》に対《たい》して、二〇三高地《こうち》を占領《せんりょう》して、そこに観測所《かんそくじょ》を置《お》き、そこからの指示《しじ》で旅順港内《りょじゅんこうない》の旅順艦隊《りょじゅんかんたい》を南山坂山《なんざんはさん》の堡塁《ほうるい》（敵からの攻撃を防ぐために石・土・砂・コンクリートで固めた建物）から砲撃《ほうげき》することを要求《ようきゅう》した。

すでに日本《にほん》には、ロシアに滞在《たいざい》していた明石元二郎大佐《あかしもとじろうたいさ》から、ロシアのバルチック艦隊《かんたい》（第二太平洋艦隊《だいたいへいようかんたい》）が十月《がつ》十五日《にち》に、北《きた》ヨーロッパのバルチック海《かい》のリバウ軍港《ぐんこう》を出港《しゅっこう》して、遠《とお》く東《ひがし》アジアのウラジオストックまで、一万《まん》カイリの大遠征《だいえんせい》についたという知《し》らせが入《はい》っていた。

明石元二郎

もし、この強力《きょうりょく》なバルチック艦隊《かんたい》が旅順艦隊《りょじゅんかんたい》と日本海《にほんかい》で合流《ごうりゅう》すれば、軍艦《ぐんかん》の少《すく》ない連合艦隊《れんごうかんたい》は、ロシア艦隊《かんたい》に勝《か》てないことになる。このため、日本海軍《にほんかいぐん》にとって、日本海《にほんかい》でバルチック艦隊《かんたい》と旅順艦隊《りょじゅんかんたい》が

アナトリイ・ステッセル

合流《ごうりゅう》する前《まえ》に、先《さき》に旅順艦隊《りょじゅんかんたい》を撃滅《げきめつ》してしまうことが、何《なに》よりも重要《じゅうよう》な問題《もんだい》となったからである。

そこで、乃木《のぎ》司令官《しれいかん》は十二月《がつ》五日《いつか》に、それまでやっていた旅順要塞《りょじゅんようさい》への正面攻撃《しょうめんこうげき》を中止《ちゅうし》し、二〇三高地《こうち》を占領《せんりょう》して観測所《かんそくじょ》を置《お》くと、そこからの指示《しじ》で南山《なんざん》坡山《はさん》の堡塁《ほうるい》から旅順港内《りょじゅんこうない》の敵艦隊《てきかんたい》に砲撃《ほうげき》し、そのほとんどを沈《しず》めた。

こうして、旅順艦隊《りょじゅんかんたい》が無力《むりょく》になると、そのほかの要塞《ようさい》も次々《つぎつぎ》と落《お》ちて、ついに旅順要塞《りょじゅんようさい》の司令官《しれいかん》ステッセル中将《ちゅうじょう》は翌年《よくねん》一月《がっ》一日《ついたち》に降伏《こうふく》した。

日本海海戦《にほんかいかいせん》の大勝利《だいしょうり》

一方《いっぽう》、旅順艦隊《りょじゅんかんたい》がバルチック艦隊《かんたい》と日本海《にほんかい》で合流《ごうりゅう》できなくなると、連合艦隊司令長官《れんごうかんたいしれいちょうかん》東郷平八郎大将《とうごうへいはちろうたいしょう》の指揮《しき》する連合艦隊《れんごうかんたい》は明治《めいじ》三十八年《ねん》五月《がつ》二十七日《にち》に、日本海《にほんかい》に現《あらわ》れたバルチック艦隊《かんたい》に対《たい》して、「丁字戦法《ていじせんぽう》」という方法《ほうほう》で砲撃《ほうげき》を行《おこな》い、三十八隻《せき》のうち、二十一隻《せき》を撃沈《げきちん》し、六隻《せき》を捕獲《ほかく》した。これに対《たい》して、日本側《にほんがわ》の損害《そんがい》は、水雷艇《すいらいてい》三隻《せき》が沈没《ちんぼつ》しただけで、戦艦《せんかん》などには被害《ひがい》がなく、戦死者《せんししゃ》も一一〇人《にん》だけであった。

こうして、東郷司令長官《とうごうしれいちょうかん》は、この日本海海戦《にほんかいかいせん》で、バルチック艦隊《かんたい》を破《やぶ》ると、世界中《せかいじゅう》の人々《ひとびと》から「東洋《とうよう》のネルソン」と呼《よ》ばれ、日本海軍《にほんかいぐん》の誇《ほこ》りと讃《たた》えられたのである。

世界史《せかいし》に大《おお》きな影響《えいきょう》を与《あた》えた日露戦争《にちろせんそう》

では、この日露戦争《にちろせんそう》は、世界史《せかいし》にどのような影響《えいきょう》を与《あた》えたのだろうか。

それは、後《のち》に中華民国《ちゅうかみんこく》を建国《けんこく》した孫文《そんぶん》が「今《いま》では日本《にほん》がアジアにあることで、白人《はくじん》はアジア人《じん》を軽視《けいし》できなくなってきた。アジア人全体《じんぜんたい》の国際的地位《こくさいてきちい》が高《たか》くなってきた」と述《の》べ、またインドの初代首相《しょだいしゅしょう》ネルーが「アジアの一国《いっこく》である日本《にほん》の勝利《しょうり》は、アジアのすべての国々《くにぐに》に

ネルー

大《おお》きな影響《えいきょう》を与《あた》えた」と述《の》べているように、日露戦争《にちろせんそう》とは大航海時代《だいこうかいじだい》からの白人優位《はくじんゆうい》の国際関係《こくさいかんけい》に対《たい》して、白人《はくじん》は有色人種《ゆうしょくじんしゅ》を無視《むし》できなくなるという、新《あたら》しい国際関係《こくさいかんけい》を生《う》み出《だ》す戦《たたか》いだったと言《い》えるのである。

またポーランド共和国《きょうわこく》の初代大統領《しょだいだいとうりょう》ピウスツキが「あの戦争《せんそう》は、ポーランドの今日《こんにち》をあらしめる（存在させる）重大《じゅうだい》なる段階《だんかい》でありました」と述《の》べているように、東《ひがし》アジアの一小国《いちしょうこく》である日本《にほん》が大国《たいこく》ロシアに勝《か》ったことは、西欧列強《せいおうれっきょう》の植民地支配《しょくみんちしはい》に苦《くる》しめられていたアジア、アフリカ、アラブ諸国《しょこく》だけでなく、ロシアに苦《くる》しめられていたポーランドやフィンランドの民族独立運動《みんぞくどくりつうんどう》にも大《おお》きな励《はげ》ましと希望《きぼう》を与《あた》えたのである。

日本《にほん》は、この日露戦争《にちろせんそう》でも日清戦争《にっしんせんそう》のときと同《おな》じように、国際法《こくさいほう》で決《き》められた戦争《せんそう》のルールに従《したが》って立派《りっぱ》に戦《たたか》ったことから、西欧列強《せいおうれっきょう》は日本《にほん》を文明国家《ぶんめいこっか》と認《みと》めて不平等条約《ふびょうどうじょうやく》を平等《びょうどう》な条約《じょうやく》に改正《かいせい》するのである。

日本《にほん》はなぜ日清《にっしん》・日露戦争《にちろせんそう》に勝《か》てたのだろうか

では、なぜ東《ひがし》アジアの一小国《いちしょうこく》である日本《にほん》は、大国《たいこく》の清国《しんこく》やロシアと戦《たたか》って勝《か》つことができたのだろうか。それは、日本人《にほんじん》が心《こころ》や力《ちから》を一《ひと》つにして、この戦争《せんそう》を戦《たたか》ったからである。これを「挙国一致《きょこくいっち》」と言《い》うが、清国《しんこく》とロシアが負《ま》けたのは挙国一致《きょこくいっち》して戦《たたか》えなかったことにある。

明治政府《めいじせいふ》は、明治維新《めいじいしん》によって、江戸幕府《えどばくふ》を解体《かいたい》すると、天皇陛下《てんのうへいか》を中心《ちゅうしん》に日本人《にほんじん》が同《おな》じ国民《こくみん》として、一《ひと》つにまとまるような国造《くにづく》りをしてきた。

だからこそ、それまでバラバラだった日本人《にほんじん》は、同《おな》じ国民《こくみん》として一致団結《いっちだんけつ》して、日清《にっしん》・日露戦争《にちろせんそう》を戦《たたか》うことができたのである。

コラム②

日本人《にほんじん》の精神的《せいしんてき》な支《ささ》えとなった靖国神社《やすくにじんじゃ》

日本人《にほんじん》が日清《にっしん》・日露戦争《にちろせんそう》を一致団結《いっちだんけつ》して戦《たたか》えたのは、靖国神社《やすくにじんじゃ》という精神的《せいしんてき》な支《ささ》えがあったからである。

靖国神社《やすくにじんじゃ》の前身《ぜんしん》である東京招魂社《とうきょうしょうこんしゃ》が創建《そうけん》されたのは、戊辰戦争《ぼしんせんそう》で命《いのち》を落《お》とした官軍《かんぐん》の戦没者《せんぼっしゃ》の慰霊《いれい》と、官軍《かんぐん》の士気《しき》を高《たか》めることにあったが、まだ、このときは外国《がいこく》との戦争《せんそう》ではなく、内乱《ないらん》で死《し》んだ者《もの》が対象《たいしょう》であった。

しかし、この戊辰戦争《ぼしんせんそう》というは、戦国時代《せんごくじだい》のような争《あらそ》いとは違《ちが》って、「藩《はん》」という枠組《わくぐ》みを超《こ》えて、下級《かきゅう》武士《ぶし》たちが中心《ちゅうしん》となって、新《あたら》しい日本《にほん》を築《きず》くためにやった戦《たたか》いであることを忘《わす》れてはならないのである。

この戦《たたか》いで命《いのち》を落《お》とした新政府軍《しんせいふぐん》の兵士《へいし》たちは、新《あたら》しい日本《にほん》を築《きず》くために犠牲《ぎせい》になったのであるから、明治政府《めいじせいふ》が国家《こっか》の義務《ぎむ》として、彼《かれ》らの霊《れい》を慰《なぐさ》め、鎮《しず》めるために、東京招魂社《とうきょうしょうこんしゃ》を創建《そうけん》したのは当然《とうぜん》だと言《い》えるだろう。

その後《ご》、東《ひがし》アジアの一小国《いちしょうこく》である日本《にほん》が挙国一致《きょこくいっち》して、大国《たいこく》の清国《しんこく》とロシアと戦《たたか》って勝《か》つことができたのも、国家《こっか》や皇室《こうしつ》・皇族《こうぞく》を守《まも》るために命《いのち》を捧《ささ》げた者《もの》は、必《かなら》ず靖国神社《やすくにじんじゃ》に御祭神《ごさいじん》として合祀《ごうし》され、国民《こくみん》から永遠《えいえん》に尊敬《そんけい》され、追悼《ついとう》される対象《たいしょう》となるからである。

このことは、国家《こっか》や皇室《こうしつ》・皇族《こうぞく》を守《まも》るために命《いのち》を捧《ささ》げる者《もの》にとって、なによりも名誉《めいよ》なことであり、また遺族《いぞく》にとっても、最高《さいこう》の名誉《めいよ》であり、誇《ほこ》りなのである。

このように、靖国神社《やすくにじんじゃ》とは、日本人《にほんじん》が挙国一致《きょこくいっち》して、国家《こっか》や皇室《こうしつ》・皇族《こうぞく》を守《まも》るために命《いのち》を捧《ささ》げる上《うえ》で、大《おお》きな精神的《せいしんてき》な支《ささ》えとなっているである。

明治時代《めいじじだい》に、近代国家《きんだいこっか》の日本《にほん》が誕生《たんじょう》してから、日本人《にほんじん》が祖国《そこく》を守《まも》るために挙国一致《きょこくいっち》して戦《たたか》った日清《にっしん》戦争《せんそう》は、外国《がいこく》と初《はじ》めて戦《たたか》った国民戦争《こくみんせんそう》だった。また日露戦争《にちろせんそう》も、日清戦争《にっしんせんそう》と同《おな》じように日本人《にほんじん》が祖国《そこく》を守《まも》るために挙国一致《きょこくいっち》して戦《たたか》った国民戦争《こくみんせんそう》であった。

だからこそ、明治政府《めいじせいふ》は、国家《こっか》の義務《ぎむ》として戦没者《せんぼっしゃ》の御霊《みたま》を靖国神社《やすくにじんじゃ》に合祀《ごうし》し、感謝《かんしゃ》と追悼《ついとう》を捧《ささ》げるために、明治《めいじ》二十八（一八九五）年《ねん》に日清戦争《にっしんせんそう》の戦没者《せんぼっしゃ》（一四九六人《にん》）の招魂式《しょうこんしき》を行《おこな》い、また明治《めいじ》三十八（一九〇五）年《ねん》にも日露戦争《にちろせんそう》の戦没者《せんぼっしゃ》（三万《まん》八八三人《にん》）の招魂式《しょうこんしき》を行《おこな》ったのである。

日清戦争を描いた錦絵（小国政／明治 27 年）

第三章《だいしょう》　靖国神社《やすくにじんじゃ》と大東亜戦争《だいとうあせんそう》

一　大東亜戦争《だいとうあせんそう》はなぜ起《お》こったのか

ワシントン会議《かいぎ》の開催《かいさい》

日本《にほん》が日露戦争《にちろせんそう》に勝《か》つと、それまで日本《にほん》に対《たい》して好意的《こういてき》だったアメリカは、しだいに日本《にほん》を敵視《てきし》するような態度《たいど》をとるようになった。アメリカと太平洋《たいへいよう》をはさんだ東《ひがし》アジアの地域《ちいき》に、強力《きょうりょく》な軍隊《ぐんたい》を持《も》った有色人種《ゆうしょくじんしゅ》の国家《こっか》が現《あらわ》れたことに警戒感《けいかいかん》を持《も》ったからである。

そこで、アメリカは第一次世界大戦《だいいちじせかいたいせん》（一九一四〜一八）が終《お》わると、日本《にほん》の戦力《せんりょく》を弱《よわ》くするために、大正十《たいしょう》（一九二一）年《ねん》から翌年《よくねん》にかけて、「ワシントン会議《かいぎ》」を開《ひら》いて、日本《にほん》に日英同盟《にちえいどうめい》の取《と》り消《け》しや、主力艦《しゅりょくかん》の建造《けんぞう》などを禁止《きんし》する条約《じょうやく》を提案《ていあん》して結《むす》ばせた。

世界恐慌《せかいきょうこう》の発生《はっせい》

昭和四《しょうわ》（一九二九）年《ねん》十月《がつ》に、アメリカ・ニューヨークのウォール街《がい》で発生《はっせい》した株価《かぶか》の暴落《ぼうらく》（株価の値段が急激に下がること）によって、世界恐慌《せかいきょうこう》（世界的な規模で経済が大不況になること）が発生《はっせい》すると、多《おお》くの植民地《しょくみんち》を持《も》っている西欧列強《せいおうれっきょう》（アメリカ、イギリス、フランスなど）は、植民地以外《しょくみんちいがい》から入《はい》ってくる日本《にほん》、ドイツ、イタリアの輸入品《ゆにゅうひん》に対《たい》して、高《たか》い関税《かんぜい》をかけたり、輸入割当《ゆにゅうわりあ》て（輸入を制限すること）を行《おこな》ったりした。

他《た》の西欧列強《せいおうれっきょう》と違《ちが》って、日本《にほん》のような新興国《しんこうこく》は、ほとんど植民地《しょくみんち》を持《も》っていないため、輸出《ゆしゅつ》に制限《せいげん》をかけられると、戦略物資《せんりゃくぶっし》（国の安全を守るために必要な物資。たとえば、石油、鉄、ウラン、食料）を買《か》うお金《かね》を手《て》に入《い》れることができなくなることから、のど元《もと》をしめつけられるようなものだった。

支那事変《しなじへん》と経済制裁《けいざいせいさい》

さらに、昭和《しょうわ》十二（一九三七）年《ねん》七月七日《がつなのか》に、中国《ちゅうごく》の北平《ほくへい》（現在《げんざい》の北京《ペキン》）近郊《きんこう》の盧溝橋《ろこうきょう》で日本軍《にほんぐん》が演習中《えんしゅうちゅう》に、何者《なにもの》かから発砲《はっぽう》を受《う》ける事件《じけん》（「盧溝橋事件《ろこうきょうじけん》」）が起《お》こると、やがて、これが導火線《どうかせん》となって、日本《にほん》は終戦《しゅうせん》まで中国《ちゅうごく》と泥沼《どろぬま》の戦《たたか》いを行《おこな》っていくのである。

蒋介石

ハーバート・フーバー

これを「支那事変《しなじへん》」というが、その後《ご》、アメリカは昭和《しょうわ》十六（一九四一）年《ねん》九月《がつ》までに、イギリスやソ連《れん》とともに国民党《こくみんとう》の蒋介石《しょうかいせき》政権《せいけん》に支援《しえん》物資《ぶっし》を送《おく》ったり、日本《にほん》に戦略《せんりゃく》物資《ぶっし》の輸出《ゆしゅつ》を禁止《きんし》したりして、軍事的《ぐんじてき》、経済的《けいざいてき》な圧迫《あっぱく》をかけていくのである。

フランクリン・ルーズベルト

このような軍事的《ぐんじてき》、経済的《けいざいてき》な圧迫《あっぱく》は、第《だい》三十一代《だい》アメリカ大統領《だいとうりょう》のハーバート・フーバーも回想録《かいそうろく》で、「ルーズベルトが犯《おか》した大《おお》きな誤《あやま》りの一《ひと》つは、日本《にほん》に対《たい》して経済封鎖《けいざいふうさ》を行《おこな》ったことである。その経済《けいざい》制裁《せいさい》は、弾《たま》こそ射《う》っていなかったが本質的《ほんしつてき》には戦争《せんそう》であった。ルーズベルトは、自分《じぶん》の腹心《ふくしん》の部下《ぶか》から何度《なんど》もそんな挑発《ちょうはつ》をすれば遅《おそ》かれ早《はや》かれ報復《ほうふく》のための戦争《せんそう》を引《ひ》き起《お》こすことになると警告《けいこく》を受《う》けていた」と述《の》べているように、戦争行為《せんそうこうい》と同《おな》じことだったのである。

ルーズベルト大統領《だいとうりょう》の戦争計画《せんそうけいかく》

実《じつ》は、日本《にほん》に対《たい》して軍事的《ぐんじてき》、経済的《けいざいてき》な圧迫《あっぱく》をかけることによって、日本《にほん》を戦争《せんそう》に追《お》いこむという作戦《さくせん》を立《た》てたのが、アメリカ海軍情報部《かいぐんじょうほうぶ》の極東課長《きょくとうかちょう》アーサー・H・マッカラム少佐《しょうさ》であった。

後《のち》に、ルーズベルト大統領《だいとうりょう》は、マッカラム少佐《しょうさ》が昭和《しょうわ》十五（一九四〇）年《ねん》十月《がつ》に、自分《じぶん》の軍事顧問《ぐんじこもん》に提出《ていしゅつ》した「対日開戦促進計画《たいにちかいせんそくしんけいかく》」の筋書《すじが》き通《どお》りに日米開戦《にちべいかいせん》を行《おこな》っていくのである。

さらに、ルーズベルト大統領《だいとうりょう》は同年《どうねん》十二月《がつ》に、陸海軍統合最高司令部《りくかいぐんとうごうさいこうしれいぶ》に対《たい》して、ヨーロッパ、アフリカ、アジアに対《たい》する全面戦争計画《ぜんめんせんそうけいかく》を命《めい》じるのである。

その中《なか》の一《ひと》つに、「JB―三五五計画《けいかく》」という案《あん》があった。これは翌年《よくねん》七月《がつ》二十三日《にち》に、アメリカ陸海軍合同委員会《りくかいぐんごうどういいんかい》によって、ルーズベルト大統領《だいとうりょう》に提出《ていしゅつ》された日本本土爆撃作戦《にほんほんどばくげきさくせん》計画案《けいかくあん》で、昭和《しょうわ》十六年《ねん》十月《がつ》から十一月《がつ》にかけて中国本土《ちゅうごくほんど》から一五〇機《き》の爆撃機《ばくげきき》B17を使《つか》って、東京《とうきょう》や京阪神《けいはんしん》を爆撃《ばくげき》するというものであった。

やがてB17がヨーロッパ戦線《せんせん》へ送《おく》られたことによって、この作戦計画《さくせんけいかく》は中止《ちゅうし》となったが、この作戦《さくせん》を進《すす》めた大統領特別補佐官《だいとうりょうとくべつほさかん》のロークリン・カーリンは、後《のち》にソ連《れん》のスパイであることがばれると、南《みなみ》アメリカのコロンビアに亡命《ぼうめい》するのである。

日本《にほん》を戦争《せんそう》に追《お》いこんだハル・ノート

アメリカは同年《どうねん》四月二日《がつふつか》に、アメリカ太平洋艦隊《たいへいようかんたい》の基地《きち》をアメリカ太平洋岸南部《たいへいようがんなんぶ》のサン・ディエゴからハワイに前進《ぜんしん》させて、さらに日本《にほん》に対《たい》する軍事的《ぐんじてき》な圧迫《あっぱく》をかけてきた。

これによって、近衛首相《このえしゅしょう》は九月六日《がつむいか》に、「御前会議《ごぜんかいぎ》」（天皇陛下が出席される会議）を開《ひら》いて、十月上旬《がつじょうじゅん》までに、アメリカとの関係《かんけい》がよくならなければ、日米開戦《にちべいかいせん》も止《や》むなし（しかたない）と決定《けってい》し、十月《がつ》十七日《にち》に責任《せきにん》をとって、内閣《ないかく》を総辞職《そうじしょく》（首相と、すべての大臣が辞めること）するのである。

翌日《よくじつ》に、東條英機大将《とうじょうひできたいしょう》が新《あたら》しく首相《しゅしょう》になると、アメリカとの和平交渉《わへいこうしょう》（争いをやめて仲直りをするように相手と話しあうこと）を続《つづ》けるために連日会議《れんじつかいぎ》を開《ひら》いた。

しかし、東條首相《とうじょうしゅしょう》は十一月《がつ》二十六日《にち》にルーズベルト大統領《だいとうりょう》から「ハル・ノート」を突《つ》きつけられたことから、十二月一日《がつついたち》の御前会議《ごぜんかいぎ》で、これをアメリカからの最後通牒《さいごつうちょう》（国家間のトラブルを平和的な形で解決できない場合、交渉を打ち切って自国の要求を相手国に提出しても、相手国が受け入れなければ戦争などの手段にうったえることを述べた外交文書）とみなして、日米開戦《にちべいかいせん》の開始《かいし》を十二月八日《がつようか》に決定《けってい》するのである。

コーデル・ハル

国務長官《こくむちょうかん》コーデル・ハルの書《か》いた、このハル・ノートには、前年《ぜんねん》の九月《がつ》二十七日《にち》に、日本《にほん》が連合国《れんごうこく》に対抗《たいこう》するために、ドイツとイタリアと結《むす》んだ「三国《さんごく》同盟《どうめい》」を取《と》り消《け》して、中国《ちゅうごく》、満州《まんしゅう》、仏印《ふついん》（フランスが植民地支配《しょくみんちしはい》しているベトナム、ラオス、カンボジア）から、日本軍《にほんぐん》を引《ひ》きあげさせることや、中国《ちゅうごく》では、蒋介石政権《しょうかいせきせいけん》以外《いがい》の政府《せいふ》を認《みと》めてはいけないことが書《か》かれていたからである。

これは、中国《ちゅうごく》を満州事変《まんしゅうじへん》が起《お》こる以前《いぜん》の状態《じょうたい》にまで戻《もど》せということを意味《いみ》しているため、東《ひがし》アジアの情勢《じょうせい》は満州事変《まんしゅうじへん》の前《まえ》よりも悪《わる》い状態《じょうたい》になってしまうことになる。だから日本《にほん》にとっては、とても受《う》け入《い》れることができない要求《ようきゅう》であった。

では、なぜルーズベルト大統領《だいとうりょう》は、ハル・ノートを出《だ》してまで、日本《にほん》を戦争《せんそう》に追《お》いこむ必要《ひつよう》があったのだろうか。

一《ひと》つの理由《りゆう》は、ルーズベルト大統領《だいとうりょう》は昭和《しょうわ》十六年《ねん》八月十四日《がつじゅうよっか》に、ドイツ軍《ぐん》に苦戦《くせん》しているイギリスのチャーチル首相《しゅしょう》と「大西洋上会談《たいせいようじょうかいだん》」を行《おこな》って、ヨーロッパ戦《せん》への参戦《さんせん》を約束《やくそく》していたからである。

ところが、当時《とうじ》のアメリカでは、建国以来《けんこくいらい》の伝統的《でんとうてき》な孤立主義《こりつしゅぎ》の外交《がいこう》にもとづいて、ヨーロッパの問題《もんだい》には、干渉《かんしょう》しないことを宣言《せんげん》した「モンロー主義《しゅぎ》」の影響《えいきょう》が根強《ねづよ》く残《のこ》っていたことから、三期目《きめ》の大統領選《だいとうりょうせん》で掲《かか》げた公約《こうやく》(「相手《あいて》から攻撃《こうげき》されたとき以外《いがい》には、わが国《くに》が戦争《せんそう》に突入《とつにゅう》することはない」)が邪魔《じゃま》になって、ヨーロッパの戦争《せんそう》に、なかなか参戦《さんせん》できないで困《こま》っていた。

ルーズベルト大統領《だいとうりょう》は、このヨーロッパ戦《せん》に参戦《さんせん》するために、ドイツの貨物船《かもつせん》を沈《しず》めたり、ドイツの潜水艦《せんすいかん》に発砲《はっぽう》したりして、ドイツを挑発《ちょうはつ》しようとしたが、ドイツはなかなか乗《の》ってこようとはしなかった。

そこで、ルーズベルト大統領《だいとうりょう》が、次《つぎ》に選《えら》んだのが日本《にほん》を挑発《ちょうはつ》することであった。もしアメリカがわざと日本《にほん》に経済封鎖《けいざいふうさ》を行《おこな》って、日本《にほん》にハル・ノートを突《つ》きつければ、日本《にほん》は必《かなら》ず先《さき》に戦争《せんそう》を仕《し》かけてくるにちがいないからである。

そうなれば、ドイツは、日本《にほん》と軍事同盟《ぐんじどうめい》（同じ軍事目的のために力を合わせること）を結《むす》んでいることから、必《かなら》ずアメリカに宣戦布告《せんせんふこく》をしてくるはずである。

日本《にほん》を戦争《せんそう》に追《お》いこんで、先《さき》に日本《にほん》から攻撃《こうげき》を仕《し》かけさせれば、アメリカ議会《ぎかい》と世論《よろん》を味方《みかた》につけてヨーロッパの戦争《せんそう》に簡単《かんたん》に参戦《さんせん》できるようになる。

ヘンリー・スチムソン

その証拠《しょうこ》に、当時《とうじ》のルーズベルト政権《せいけん》で陸軍長官《りくぐんちょうかん》をつとめていたヘンリー・スチムソンは昭和《しょうわ》十六年《ねん》十一月《がつ》二十五日付《にちづけ》の日記《にっき》で、その日《ひ》、ホワイトハウスで行《おこな》われた秘密会議《ひみつかいぎ》で、ルーズベルト大統領《だいとうりょう》が次《つぎ》のように述《の》べたと書《か》いている。

「問題《もんだい》は、どのように日本《にほん》をあやつって、われわれにあまり大《おお》きな危険《きけん》をおよぼすことなく、彼《かれ》らに最初《さいしょ》の一発《いっぱつ》を発射《はっしゃ》させるような立場《たちば》に追《お》いこむべきか、ということである。これは難《むずか》しい注文《ちゅうもん》だ」

二《ふた》つ目《め》の理由《りゆう》は、ドイツや日本《にほん》と戦争《せんそう》になれば、軍需産業《ぐんじゅさんぎょう》（軍隊や戦争に関係する産業）もさかんになって、アメリカの景気《けいき》は必《かなら》ず回復《かいふく》し、世界恐慌《せかいきょうこう》を乗《の》りきることができるからである。そうなれば、ルーズベルト大統領《だいとうりょう》が行《おこな》った「ニュー・ディール」という経済政策《けいざいせいさく》（経済活動を行っていく上でのやり方）の失敗《しっぱい》をごまかすことができる。

ところで、日本《にほん》を戦争《せんそう》に追《お》いこんだこのハル・ノートは、ソ連《れん》のスパイだった財務省特別《ざいむしょうとくべつ》補佐官《ほさかん》ハリー・デクスター・ホワイトの書《か》いた試案《しあん》をもとにして書《か》かれていたのである。

当時《とうじ》、日本《にほん》とドイツから同時《どうじ》に攻撃《こうげき》されることを心配《しんぱい》していたソ連《れん》のスターリンは、こ

ハリー・D・ホワイト

れを防《ふせ》ぐために、ビタリー・グリゴリッジ・パブロフという工作員《こうさくいん》を通《つう》じて、ホワイトにハル・ノートの試案《しあん》を書《か》かせて、日米開戦《にちべいかいせん》を起《お》こすという作戦《さくせん》を考《かんが》えるのである。

もし、日米開戦《にちべいかいせん》が起《お》これば、資源《しげん》のない日本《にほん》は、当然《とうぜん》、東南《とうなん》アジアの資源地帯《しげんちたい》を求《もと》めて軍隊《ぐんたい》を派遣《はけん》し、アメリカ、イギリス、オランダと戦《たたか》わなければならなくなる。

そうなれば、日本《にほん》は、ソ連《れん》をドイツと挟《はさ》み撃《う》ちにして攻撃《こうげき》できなくなるため、ソ連《れん》はドイツとの戦《たたか》いに専念《せんねん》することができるようになるわけである。

これを「雪《ゆき》（スノー）作戦《さくせん》」〔ホワイトは英語で白の意味。雪は白色なので、これを暗号にして「雪（スノー）作戦」と名づけた〕というが、ソ連工作員《れんこうさくいん》のパブロフが、自著《じちょ》の中《なか》で「作戦《さくせん》は見事《みごと》に成功《せいこう》した。日本《にほん》に突《つ》きつけられた対日要求《たいにちようきゅう》、ハル・ノートがその成果《せいか》だった」と述《の》べているように、ここに、ソ連《れん》、イギリス、アメリカの利害《りがい》が一致《いっち》して、日本《にほん》とドイツは、まんまと彼《かれ》らが引《ひ》いたレールの上《うえ》を走《はし》らされ、連合国《れんごうこく》と戦争《せんそう》の火《ひ》ぶたを切《き》っていったのである。

開戦《かいせん》

こうした中《なか》で、日本《にほん》は昭和《しょうわ》十六年《ねん》十二月八日《がつようか》に、日本《にほん》を戦争《せんそう》に追《お》いこんだ連合国《れんごうこく》に対《たい》して、宣戦《せんせん》を布告《ふこく》すると、西欧列強《せいおうれっきょう》の市場《しじょう》に頼《たよ》る必要《ひつよう》のない「大東亜共栄圏《だいとうあきょうえいけん》」という自給《じきゅう》自足型《じそくがた》のアジア経済圏《けいざいけん》の形成《けいせい》をめざして、西欧列強《せいおうれっきょう》によるアジア植民地支配《しょくみんちしはい》からアジア諸国《しょこく》を解放《かいほう》するために戦《たたか》っていくわけである。

この戦争《せんそう》を「大東亜戦争《だいとうあせんそう》」というが、日本軍《にほんぐん》は戦争中《せんそうちゅう》に、アジアの各地《かくち》で将来《しょうらい》の独立《どくりつ》を実現《じつげん》するために行政《ぎょうせい》、教育《きょういく》、経済《けいざい》の面《めん》で、いろいろな援助《えんじょ》を行《おこな》った。

その中《なか》で、ビルマやインドネシアに独立義勇軍《どくりつぎゆうぐん》を結成《けっせい》して、現地《げんち》の青年《せいねん》たちに軍事訓練《ぐんじくんれん》を行《おこな》ったことは、大東亜戦争《だいとうあせんそう》が残《のこ》した最大《さいだい》の遺産《いさん》であると言《い》ってよいだろう。

日本《にほん》の敗戦《はいせん》

昭和《しょうわ》十六年《ねん》十二月八日《がつようか》に、日本陸軍《にほんりくぐん》がマレー半島《はんとう》に上陸《じょうりく》して占領《せんりょう》すると同時《どうじ》に、日本《にほん》海軍《かいぐん》はハワイの真珠湾攻撃《しんじゅわんこうげき》に成功《せいこう》した。しかし、翌年六月五日《よくねんがついつか》の「ミッドウェイ海戦《かいせん》」に敗《やぶ》れると、それまで優勢《ゆうせい》だった日本軍《にほんぐん》は、次々《つぎつぎ》とアメリカ軍《ぐん》との太平洋上《たいへいようじょう》の戦《たたか》いに敗《やぶ》れていくのである。

昭和《しょうわ》二十（一九四五）年《ねん》五月四日《がつよっか》に、ドイツが降伏《こうふく》すると、スターリンは二月《がつ》に、ルーズベルト大統領《だいとうりょう》と結《むす》んだ「ヤルタ協定《きょうてい》」にしたがって、八月八日《がつようか》に「日《にっ》ソ中立条約《ちゅうりつじょうやく》」を破《やぶ》り、翌日《よくじつ》から九月二日《がつふつか》にかけて満州《まんしゅう》、北朝鮮《きたちょうせん》、南樺太《みなみからふと》、千島列島《ちしまれっとう》、北方四島《ほっぽうとう》を攻撃《こうげき》して参戦《さんせん》してきた。

一方《いっぽう》、アメリカも八月六日《がつむいか》に広島《ひろしま》に、九日《ここのか》には長崎《ながさき》に原子爆弾《げんしばくだん》を落《お》として、多《おお》くの一般《いっぱん》市民《しみん》を大量虐殺《たいりょうぎゃくさつ》した。

このため、日本政府《にほんせいふ》は八月《がつ》十四日《じゅうよっか》に、「国体《こくたい》の護持《ごじ》」（天皇を中心とする国家体制を守り続けること）を条件《じょうけん》に日本《にほん》の降伏条件《こうふくじょうけん》を書《か》いた「ポツダム宣言《せんげん》」を受《う》け入《い》れることを決《き》め、翌日《よくじつ》に連合国《れんごうこく》に降伏《こうふく》することを国民《こくみん》と日本軍《にほんぐん》の将兵《しょうへい》に告《つ》げた。

アメリカ占領軍《せんりょうぐん》（当時《とうじ》は進駐軍《しんちゅうぐん》と呼《よ》んだ）が八月《がつ》三十日《にち》に、神奈川県《かながわけん》の厚木飛行場《あつぎひこうじょう》に到着《とうちゃく》すると、日本《にほん》に対《たい》する占領政策《せんりょうせいさく》を実行《じっこう》していった。日本政府《にほんせいふ》は九月《がつ》二日《ふつか》に、代表団《だいひょうだん》を送《おく》って、戦艦《せんかん》ミズーリ号《ごう》で連合国側《れんごうこくがわ》の代表《だいひょう》十一カ国《こく》と降伏文書《こうふくぶんしょ》に調印《ちょういん》した。

戦艦ミズーリ号艦上での調印式

こうして、日本《にほん》は、約《やく》三年《ねん》七カ月《げつ》におよんだ連合国軍《れんごうこくぐん》との戦《たたか》いを終《お》えるのであるが、この戦争《せんそう》はあくまで最初《さいしょ》の幕《まく》が終《お》わったにすぎなかったのである。本当《ほんとう》のアジアの独立戦争《どくりつせんそう》（第《だい》二次《じ》大東亜《だいとうあ》戦争《せんそう》）は、日本軍《にほんぐん》が戦時中《せんじちゅう》に、現地《げんち》の青年《せいねん》を中心《ちゅうしん》に結成《けっせい》した独立義勇軍《どくりつぎゆうぐん》や現地《げんち》に残《のこ》った日本兵《にほんへい》によって行《おこな》われていったからである。

インドを独立《どくりつ》に導《みちび》いたインパール作戦《さくせん》

日米開戦《にちべいかいせん》と同時《どうじ》に、マレーシアを占領《せんりょう》した日本軍《にほんぐん》は、イギリスの植民地支配《しょくみんちしはい》からマレーシアを解放《かいほう》したが、このとき、藤原機関《ふじわらきかん》（別名《べつめい》、F機関《きかん》）の藤原少佐《ふじわらしょうさ》は、シンガポールで捕虜《ほりょ》にした英印軍《えいいんぐん》のインド兵《へい》を説得《せっとく》して、「インド国民軍《こくみんぐん》（INA）」を結成《けっせい》した。

日本軍《にほんぐん》は昭和《しょうわ》十九（一九四四）年《ねん》三月八日《がつようか》に、このINAとともに、インドの国境《こっきょう》ぞいにあるイギリス軍《ぐん》の拠点《きょてん》、インパールとコヒマを攻撃《こうげき》したが、イギリス軍《ぐん》から激《はげ》しい抵抗《ていこう》を受《う》けて、ついに作戦《さくせん》を中止《ちゅうし》した。

藤原岩市

この作戦《さくせん》を「インパール作戦《さくせん》」というが、この作戦《さくせん》が失敗《しっぱい》すると、多数《たすう》のＩＮＡ将兵《しょうへい》が捕虜《ほりょ》として、イギリス軍《ぐん》によって、インドに連《つ》れていかれ、その中《なか》から、ＩＮＡの将校《しょうこう》三人《にん》が軍事裁判《ぐんじさいばん》にかけられることになった。ところが、インドの各地《かくち》でＩＮＡの捕虜《ほりょ》の釈放《しゃくほう》を求《もと》める大衆運動《たいしゅううんどう》がわき起《お》こったのである。

確《たし》かに、彼《かれ》らは、イギリス軍《ぐん》から見《み》れば裏切《うらぎ》り者《もの》かもしれないが、インド人の国民感情《こくみんかんじょう》からすれば、インドの自由《じゆう》と独立《どくりつ》のために身《み》を投《な》げだした英雄《えいゆう》であり、愛国者《あいこくしゃ》だったのである。

このとき、Ｆ機関長《きかんちょう》の藤原中佐《ふじわらちゅうさ》（少佐《しょうさ》から進級《しんきゅう》）は、オールド・デリーの軍事法廷《ぐんじほうてい》に証人《しょうにん》として、インドにやってきていた。この大衆運動《たいしゅううんどう》を見《み》た藤原中佐《ふじわらちゅうさ》は、「大東亜戦争《だいとうあせんそう》は日本《にほん》の敗戦《はいせん》の一幕《ひとまく》で終《お》わっていないのだ。まだ続《つづ》いているのだ」と思《おも》ったという。

やがて、この大衆運動《たいしゅううんどう》は、反乱《はんらん》となって、ボンベイ、デリーなどの主要都市《しゅようとし》に広《ひろ》がっていった。このため、イギリスのアトリー首相《しゅしょう》は昭和《しょうわ》二十三年《ねん》六月《がつ》までに、インドから引《ひ》きあげて政権《せいけん》をインド側《がわ》にゆずりわたすと発表《はっぴょう》したのである。

こうして、インドとパキスタンは昭和《しょうわ》二十二（一九四七）年《ねん》八月《がつ》十五日《にち》午前《ごぜん》零時《れいじ》をもって、長《なが》い間《あいだ》行《おこな》われていたイギリスの植民地《しょくみんち》支配《しはい》から、ついに独立《どくりつ》するのである。

第《だい》二次《じ》大東亜戦争《だいとうあせんそう》と残留《ざんりゅう》日本兵《にほんへい》

日本《にほん》政府《せいふ》は昭和《しょうわ》十九年《ねん》九月《がつ》に、インドネシアの独立《どくりつ》を約束《やくそく》していたが、終戦《しゅうせん》によって、現地《げんち》の日本軍《にほんぐん》は武器《ぶき》を取《と》り上《あ》げられたため、インドネシアの独立《どくりつ》は実現《じつげん》できないかに見《み》えた。

しかし、インドネシアの指導者《しどうしゃ》であるスカルノとハッタは八月《がつ》十七日《にち》の午前《ごぜん》十時《じ》に、前《まえ》もって準備《じゅんび》していた独立宣言《どくりつせんげん》を多《おお》くの同志《どうし》と民衆《みんしゅう》が見守《みまも》る中《なか》で、次《つぎ》のように読《よ》み上《あ》げるのである。

われらインドネシア民族《みんぞく》は、ここにインドネシアの独立《どくりつ》を宣言《せんげん》する。
権力《けんりょく》の委譲《いじょう》およびその他《た》の事項《じこう》は、秩序《ちつじょ》のある方法《ほうほう》によって、
可能《かのう》なかぎり迅速《じんそく》に実施《じっし》するものとする。
インドネシア民族《みんぞく》の名《な》において

スカルノ　ハッタ

ジャカルタにおいて
〇五年《ねん》八月《がつ》十七日《にち》

この独立宣言文《どくりつせんげんぶん》の最後《さいご》に書《か》かれている「〇五年《ねん》」という文字《もじ》こそ、日本《にほん》の「皇紀《こうき》二六〇五年《ねん》」を表《あら》わすものであった。スカルノが、西暦《せいれき》を使《つか》わずにあえて神武紀元《じんむきげん》（神武天皇が即位した年を始まりとする日本の暦）を使《つか》ったのは、彼《かれ》が親日派《しんにちは》（日本に親しみを感じている外国人の集まり）であることを示《しめ》す何《なに》よりの証拠《しょうこ》であろう。

独立宣言を読み上げるスカルノ（左）とハッタ（右）

翌日《よくじつ》に、「四十五年憲法《ねんけんぽう》」が定《さだ》められ、十九日《にち》にスカルノとハッタは、それぞれ大統領《だいとうりょう》と副大統領《ふくだいとうりょう》になったが、十月六日《がつむいか》になると、三万人《まんにん》のイギリス軍《ぐん》がジャワ島東部《とうとうぶ》のスラバヤに上陸《じょうりく》してきた。

スラバヤ市民《しみん》たちは、日本軍《にほんぐん》からひそかに渡《わた》された武器《ぶき》を使《つか》って、イギリス軍《ぐん》に抵抗《ていこう》したため、イギリス軍《ぐん》は引《ひ》きあげていったが、今度《こんど》はオランダ軍《ぐん》がインドネシアに上陸《じょうりく》してくるのである。

日本《にほん》では、このインドネシア独立戦争《どくりつせんそう》のときに大東亜戦争《だいとうあせんそう》が終《お》わった後《あと》も、日本《にほん》に帰国《きこく》せずに、インドネシアに残《のこ》って、インドネシア人《じん》たちと一緒《いっしょ》になって、オランダ軍《ぐん》と戦《たたか》った日本兵《にほんへい》がいたことはあまり知《し》られていない。

彼《かれ》らのことを「残留日本兵《ざんりゅうにほんへい》」というが、インドネシアに残《のこ》って戦《たたか》った残留日本兵約千人《ざんりゅうにほんへいやくせんにん》のうち、約半数《やくはんすう》が戦死《せんし》したが、戦後《せんご》、彼《かれ》らには殊勲章《しゅくんしょう》が与《あた》えられた他《ほか》に、ジャカルタの英雄墓地《えいゆうぼち》に埋葬《まいそう》されて、今《いま》でもインドネシア国民《こくみん》から尊敬《そんけい》され、追悼《ついとう》されているのである。

一方《いっぽう》、フランス領《りょう》のインドシナ（ベトナム、ラオス、カンボジア）に駐留《ちゅうりゅう》していた日本《にほん》軍《ぐん》は昭和《しょうわ》二十年《ねん》三月九日《がつここのか》に、インドシナをフランスから独立《どくりつ》させるために、フランス軍《ぐん》から武器《ぶき》を取《と》り上《あ》げ、ベトナム、ラオス、カンボジアを王国《おうこく》として独立《どくりつ》させようとした。

しかし、日本《にほん》の敗戦《はいせん》によって、再《ふたた》びフランス軍《ぐん》がインドシナを植民地《しょくみんち》にするために侵攻《しんこう》してきたことから、インドネシアと同《おな》じように、インドシナの独立戦争《どくりつせんそう》を助《たす》けるために八〇〇人《にん》の日本兵《にほんへい》が現地《げんち》に残《のこ》ったのである。

やがて、昭和《しょうわ》二十九（一九五四）年《ねん》に、「第《だい》一次《じ》インドシナ戦争《せんそう》」が終《お》わると、フランス軍《ぐん》が引《ひ》きあげたが、約《やく》五〇〇人《にん》の日本兵《にほんへい》がそのままベトナムに残《のこ》って、次《つぎ》のアメリカ軍《ぐん》との戦《たたか》いにも参加《さんか》するのである。

これを「第《だい》二次《じ》インドシナ戦争《せんそう》」（別名《べつめい》、ベトナム戦争《せんそう》）というが、昭和《しょうわ》四十八（一九七三）年《ねん》一月《がつ》に、南北《なんぼく》のベトナム政府《せいふ》、臨時革命政府《りんじかくめいせいふ》、アメリカによって「パリ平和協定《へいわきょうてい》」が調印《ちょういん》され、アメリカ軍《ぐん》は、ついにベトナムから引《ひ》きあげていったのである。

昭和《しょうわ》五十（一九七五）年《ねん》四月《がつ》三十日《にち》に、南《みなみ》ベトナム政府《せいふ》が無条件降伏《むじょうけんこうふく》すると、南北《なんぼく》のベトナムが統一《とういつ》されたことによって、「第《だい》二次大東亜戦争《じだいとうあせんそう》」が三十年《ねん》の歳月《さいげつ》を経《へ》て、ようやく終《お》わるのである。

二　戦後《せんご》に靖国神社《やすくにじんじゃ》を襲《おそ》った危機《きき》とは何《なん》だったのか

戦後《せんご》に襲《おそ》った靖国神社《やすくにじんじゃ》の危機《きき》

昭和《しょうわ》二十年《ねん》八月《がつ》十五日《にち》正午《しょうご》過《す》ぎ、昭和天皇《しょうわてんのう》が玉音放送《ぎょくおんほうそう》を通《つう》じて、国民《こくみん》と日本軍《にほんぐん》の将兵《しょうへい》に終戦《しゅうせん》を告《つ》げると、靖国神社《やすくにじんじゃ》の境内《けいだい》には、多《おお》くの参拝者《さんぱいしゃ》が集《あつ》まって、正座《せいざ》して泣《な》く者《もの》が絶《た》えず、その光景《こうけい》は何日間《なんにちかん》にもおよんだ。

九月九日《がっここのか》から、アメリカ占領軍《せんりょうぐん》が靖国神社《やすくにじんじゃ》の警備《けいび》を始《はじ》めたことから、一般《いっぱん》の参拝者《さんぱいしゃ》の数《かず》は減《へ》った。

戦前《せんぜん》から靖国神社《やすくにじんじゃ》を共同《きょうどう》で管理《かんり》していた陸軍省《りくぐんしょう》と海軍省《かいぐんしょう》は、軍隊《ぐんたい》が解散《かいさん》される前《まえ》に、大《だい》合祀祭《ごうしさい》を行《おこな》うことを決《き》め、十一月《がつ》十九日《にち》に招魂式《しょうこんしき》を、二十日《はつか》に臨時大招魂祭《りんじだいしょうこんさい》を行《おこな》った。

このとき、日本政府《にほんせいふ》が降伏文書《こうふくぶんしょ》を調印《ちょういん》する前《まえ》に、戦死《せんし》した軍人《ぐんじん》・軍属《ぐんぞく》を含《ふく》めて、満州《まんしゅう》事変《じへん》から大東亜戦争《だいとうあせんそう》にかけて戦死《せんし》した軍人《ぐんじん》・軍属《ぐんぞく》を招魂《しょうこん》し、まとめて合祀《ごうし》を行《おこな》った。

陸軍省《りくぐんしょう》と海軍省《かいぐんしょう》が十二月一日《がつついたち》に、解散《かいさん》すると、靖国神社《やすくにじんじゃ》の管理《かんり》は、陸軍《りくぐん》の仕事《しごと》を受《う》けついだ第《だい》一復員省《ふくいんしょう》と、海軍《かいぐん》の仕事《しごと》を受《う》けついだ第《だい》二復員省《ふくいんしょう》が行《おこな》うことになった。

こうした中《なか》で、マッカーサー元帥《げんすい》は、靖国神社《やすくにじんじゃ》を「軍国的神社《ぐんこくてきじんじゃ》」と呼《よ》んで靖国神社《やすくにじんじゃ》の存続《そんぞく》を検討《けんとう》した。日本《にほん》が明治《めいじ》以来《いらい》、本当《ほんとう》の神道《しんとう》の教《おし》えをゆがめて、国家《こっか》と神道《しんとう》が結《むす》びついて、侵略戦争《しんりゃくせんそう》を引《ひ》き起《お》こすための思想《しそう》として、国民《こくみん》に強制《きょうせい》したと判断《はんだん》したからである。

このため、連合国軍最高司令官総司令部《れんごうこくぐんさいこうしれいかんそうしれいぶ》（以下《いか》、ＧＨＱと略《りゃく》す）は明治《めいじ》以来《いらい》、靖国神社《やすくにじんじゃ》が日本《にほん》の軍国主義《ぐんこくしゅぎ》の精神的《せいしんてき》な支《ささ》えとなってきたと判断《はんだん》し、特《とく》に厳《きび》しく警戒《けいかい》した。

これが、戦後《せんご》、靖国神社《やすくにじんじゃ》を襲《おそ》った最初《さいしょ》の危機《きき》である。戦前《せんぜん》、日本《にほん》は、台湾《たいわん》、樺太《からふと》、千島《ちしま》、朝鮮《ちょうせん》、南洋《なんよう》、満州《まんしゅう》などに五六〇社《しゃ》の神社《じんじゃ》を創建《そうけん》したが、終戦《しゅうせん》によって、それらの神社《じんじゃ》が焼《や》き払《はら》われた。この海外《かいがい》の神社《じんじゃ》の焼却《しょうきゃく》のニュースは日本《にほん》にも伝《つた》わり、ＧＨＱでは軍国主義《ぐんこくしゅぎ》の象徴《しょうちょう》である靖国神社《やすくにじんじゃ》を焼《や》き払《はら》おうという案《あん》が出《で》てきた。

ところが、当時駐日《とうじちゅうにち》ローマ法王庁代表《ほうおうちょうだいひょう》・バチカン公使代理《こうしだいり》でマッカーサー元帥《げんすい》の宗教顧問《しゅうきょうこもん》をつとめていたドイツ人《じん》のブルノー・ビッテルという神父《しんぷ》がこの案《あん》に強《つよ》く反対《はんたい》したのである。

ビッテル神父《しんぷ》は、マッカーサー元帥《げんすい》から靖国神社《やすくにじんじゃ》の存続《そんぞく》について相談《そうだん》されると、次《つぎ》のように答《こた》えたという。

「自然《しぜん》の法《ほう》（人間の本性に基づく、時と場所を超えた道徳的な原理）に基《もと》づいて、考《かんが》えると、いかなる国家《こっか》も、その国《くに》のために死《し》んだ人々《ひとびと》に対《たい》して、敬意《けいい》をはらう義務《ぎむ》と権利《けんり》がある。それは戦勝国《せんしょうこく》か敗戦国《はいせんこく》かを問《と》わず、平等《びょうどう》の真理《しんり》でなければならない。無名戦士《むめいせんし》の墓《はか》を想起《そうき》（思い起こすこと）すれば自然《しぜん》に理解《りかい》できる。

もし、靖国神社《やすくにじんじゃ》を焼《や》き払《はら》ったとすれば、その行為《こうい》は米軍《べいぐん》の歴史《れきし》にとって不名誉《ふめいよ》きわまる汚点《おてん》となって残《のこ》るであろう。歴史《れきし》はそのような行為《こうい》を理解《りかい》しないに違《ちが》いない。

靖国神社《やすくにじんじゃ》が国家神道《こっかしんとう》の中枢《ちゅうすう》で、誤《あやま》った国家主義《こっかしゅぎ》の根源《こんげん》であるというなら、排《はい》すべき（おしのけること）は国家神道《こっかしんとう》という制度《せいど》であり、靖国神社《やすくにじんじゃ》ではない。我々《われわれ》は、信仰《しんこう》の自由《じゆう》が完全《かんぜん》に認《みと》められ、神道《しんとう》、仏教《ぶっきょう》、キリスト教《きょう》、ユダヤ教《きょう》などいかなる宗教《しゅうきょう》を信仰《しんこう》するものであろうと、国家《こっか》のために死《し》んだものは、すべて靖国《やすくに》神社《じんじゃ》にその霊《れい》を祀《まつ》られるようにすることを、進言《しんげん》する」

ダグラス・マッカーサー

マッカーサー元帥《げんすい》は、ビッテル神父《しんぷ》からの助言《じょげん》を受《う》け入《い》れて、靖国神社《やすくにじんじゃ》を焼却《しょうきゃく》することを中止《ちゅうし》したが、その代《か》わり、国家主義《こっかしゅぎ》の根源《こんげん》である国家神道《こっかしんとう》の制度《せいど》を廃止《はいし》することに決《き》め、十二月《がつ》十五日《にち》に「神道指令《しんとうしれい》」（第《だい》四四八号《ごう》）を出《だ》して、神道《しんとう》に対《たい》する国家《こっか》の保護《ほご》や学校《がっこう》で神道《しんとう》を教《おし》えることを禁止《きんし》するのである。

翌年《よくねん》二月《がつ》には、国家《こっか》と神道《しんとう》との関係《かんけい》を切《き》り離《はな》すために、戦前《せんぜん》に作《つく》られた「宗教団体法《しゅうきょうだんたいほう》」を廃止《はいし》して、新《あら》たに「宗教法人令《しゅうきょうほうじんれい》」を公布《こうふ》した。

これは、昭和《しょうわ》二十一（一九四六）年《ねん》二月四日《がつよっか》から十日《とおか》にかけて、たった一週間《いっしゅうかん》でGHQが作《つく》った「日本国憲法《にほんこくけんぽう》」の第《だい》二十条《じょう》（「国《くに》およびその機関《きかん》は、宗教教育《しゅうきょうきょういく》その他《た》いかなる宗教的活動《しゅうきょうてきかつどう》もしてはならない」）と第《だい》八十九条《じょう》（宗教団体《しゅうきょうだんたい》への公金支出《こうきんししゅつ》の禁止《きんし》）に基《もと》づいて、どんな宗教団体《しゅうきょうだんたい》も国家《こっか》や公共団体《こうきょうだんたい》から特別《とくべつ》の権利《けんり》を受《う》けることを禁止《きんし》するためである。

これによって、靖国神社《やすくにじんじゃ》は、別格官幣社《べっかくかんぺいしゃ》としての社格《しゃかく》（神社の格付け）を失《うしな》い、国家《こっか》から保護《ほご》を受《う》けることができなくなり、一宗教団体《いちしゅうきょうだんたい》になった。

さらに昭和《しょうわ》二十六（一九五一）年《ねん》九月《がつ》に、「宗教法人法《しゅうきょうほうじんほう》」が制定《せいてい》されると、靖国神社《やすくにじんじゃ》も普通《ふつう》の宗教法人《しゅうきょうほうじん》になった。

これを「政教分離《せいきょうぶんり》」（政治と宗教を区別すること）というが、これによって御祭神《ごさいじん》を合祀《ごうし》する権利《けんり》は、国家《こっか》から靖国神社《やすくにじんじゃ》に移《うつ》り、政府《せいふ》が合祀《ごうし》の基準《きじゅん》について、靖国神社《やすくにじんじゃ》に強制《きょうせい》できなくなるのである。

このため、靖国神社《やすくにじんじゃ》は、国家《こっか》から保護《ほご》を受《う》けられなくなったことで、戦没者《せんぼつしゃ》の遺族《いぞく》や戦友《せんゆう》を中心《ちゅうしん》とする国民《こくみん》からの献金《けんきん》や浄財《じょうざい》（宗教団体や社会事業などに寄付するお金）などによって、維持《いじ》・運営《うんえい》されるようになった。

こうして靖国神社《やすくにじんじゃ》は、ＧＨＱによって、次々《つぎつぎ》と弱体化《じゃくたいか》されていったのであるが、それでも国民《こくみん》の心《こころ》から靖国神社《やすくにじんじゃ》が消《き》えることはなかったのである。

例《たと》えば、昭和《しょうわ》二十年《ねん》の秋《あき》の例大祭《れいたいさい》には、幣原首相《しではらしゅしょう》、閣僚《かくりょう》、衆参両院議長《しゅうさんりょういんぎちょう》をはじめ、多《おお》くの人《ひと》たちが参拝《さんぱい》に訪《おとず》れ、翌年《よくねん》七月《がつ》に行《おこな》われた長野県《ながのけん》遺族連合会《いぞくれんごうかい》主催《しゅさい》の盆踊《ぼんおど》りには三万人《まんにん》もの参拝者《さんぱいしゃ》が訪《おとず》れたのである。

このように、戦争中《せんそうちゅう》に激《はげ》しい空襲《くうしゅう》を受《う》けて、荒《あ》れはてた東京《とうきょう》の靖国神社《やすくにじんじゃ》に三万人《まんにん》もの人々《ひとびと》が終戦後《しゅうせんご》に集《あつ》まったということは、それだけ靖国神社《やすくにじんじゃ》が日本人《にほんじん》の心《こころ》の支《ささ》えであったことを意味《いみ》しているのである。

靖国神社《やすくにじんじゃ》の復興《ふっこう》

靖国神社《やすくにじんじゃ》の強力《きょうりょく》な支援《しえん》団体《だんたい》である「遺族厚生連盟《いぞくこうせいれんめい》」が昭和《しょうわ》二十二年《ねん》十一月《がつ》に結成《けっせい》されると、昭和《しょうわ》二十七（一九五二）年《ねん》十一月《がつ》に、「全国戦没者遺族大会《ぜんこくせんぼっしゃいぞくたいかい》」を開《ひら》いて、遺族年金《いぞくねんきん》や弔慰金《ちょういきん》の増額《ぞうがく》の実現《じつげん》を決定《けってい》した。

さらに、遺族厚生連盟《いぞくこうせいれんめい》は、この大会《たいかい》の決議文《けつぎぶん》で靖国神社《やすくにじんじゃ》の慰霊行事《いれいぎょうじ》は、国費《こくひ》または地方費《ちほうひ》で払《はら》うことを明《あき》らかにした。ここから、国《くに》が靖国神社《やすくにじんじゃ》を保護《ほご》する動《うご》きが出《で》てきた。翌年《よくねん》三月《がつ》に、遺族厚生連盟《いぞくこうせいれんめい》は名前《なまえ》を「財団法人日本遺族会《ざいだんほうじんにほんいぞくかい》」と改《あらた》め、靖国神社《やすくにじんじゃ》の近《ちか》くにある旧軍人会館《きゅうぐんじんかいかん》（現在《げんざい》の九段会館《くだんかいかん》）を無償《むしょう》・無期限《むきげん》で借《か》りられることになった。

全国《ぜんこく》の遺族代表《いぞくだいひょう》は昭和《しょうわ》三十（一九五五）年《ねん》三月《がつ》二十九日《にち》に、靖国神社《やすくにじんじゃ》の大村益次郎《おおむらますじろう》の銅像《どうぞう》の前《まえ》に集《あつ》まって、第《だい》七回全国戦没者遺族大会《かいぜんこくせんぼっしゃいぞくたいかい》を開催《かいさい》した。

戦後《せんご》、靖国神社《やすくにじんじゃ》では、合祀《ごうし》にかかる費用《ひよう》を募金活動《ぼきんかつどう》でまかなっていたが、翌年《よくねん》一月《がつ》に行《おこな》われた第《だい》八回全国戦没者遺族大会《かいぜんこくせんぼっしゃいぞくたいかい》では、「靖国神社《やすくにじんじゃ》・護国神社《ごこくじんじゃ》は、国《くに》または地方公共団体《ちほうこうきょうだんたい》で護持《ごじ》する」ことを決定《けってい》し、初《はじ》めて国《くに》による靖国神社《やすくにじんじゃ》への補助《ほじょ》が唱《とな》えられたのである。

靖国神社法案《やすくにじんじゃほうあん》の動《うご》き

国会《こっかい》でも昭和《しょうわ》三十年《ねん》ごろから、合祀《ごうし》の補助《ほじょ》を唱《とな》える保守系議員《ほしゅけいぎいん》（昔からの伝統や制度を守ろうとする国会議員。日本では自民党の国会議員をいう）

から意見《いけん》や質問《しつもん》が出《で》るようになり、また日本遺族会《にほんいぞくかい》からも、合祀《ごうし》に国家《こっか》が関係《かんけい》できないことに不満《ふまん》が高《たか》まっていった。

その後《ご》、靖国神社《やすくにじんじゃ》や日本遺族会《にほんいぞくかい》からの働《はたら》きかけによって、自民党《じみんとう》は昭和《しょうわ》四十四（一九六九）年《ねん》に、靖国神社《やすくにじんじゃ》に対《たい》する保護《ほご》を目的《もくてき》にした「靖国神社法案《やすくにじんじゃほうあん》」を国会《こっかい》に提出《ていしゅつ》した。

しかし、この法案《ほうあん》は、靖国神社《やすくにじんじゃ》の名前《なまえ》を残《のこ》すけれども、靖国神社《やすくにじんじゃ》を別《べつ》の宗教法人《しゅうきょうほうじん》とし、また内閣総理大臣《ないかくそうりだいじん》が合祀者《ごうししゃ》を決《き》めるというものであった。

靖国神社側《やすくにじんじゃがわ》は、これでは靖国神社《やすくにじんじゃ》の自主性《じしゅせい》がなくなるので、国民護持《こくみんごじ》、国民総氏子《こくみんそううじこ》を主張《しゅちょう》して強《つよ》く反対《はんたい》したことから、この法案《ほうあん》は廃案《はいあん》（採用されずに廃止になった議案）となった。その後《ご》も、五回《かい》にわたって、この法案《ほうあん》は国会《こっかい》に提出《ていしゅつ》されたが廃案《はいあん》となったのである。

三　靖国神社《やすくにじんじゃ》は戦犯《せんぱん》をどのように見《み》ているのか

戦犯裁判《せんぱんさいばん》の開始《かいし》

日本《にほん》が昭和《しょうわ》二十年《ねん》八月《がつ》十五日《にち》に降伏《こうふく》すると、マッカーサー元帥《げんすい》は八月《がつ》三十日《にち》に、神奈川県《かながわけん》の厚木飛行場《あつぎひこうじょう》に降《お》り立《た》って、日本占領《にほんせんりょう》の第一歩《だいいっぽ》をしるすと、部下《ぶか》のエリオット・ソープ准将《じゅんしょう》に対《たい》して、東條英機元首相《とうじょうひできもとしゅしょう》の逮捕《たいほ》と戦犯容疑者《せんぱんようぎしゃ》（戦争犯罪のうたがいをかけられた人）リストの作成《さくせい》を命《めい》じた。

その理由《りゆう》は、日本政府《にほんせいふ》が「国体《こくたい》の護持《ごじ》」を条件《じょうけん》に受《う》け入《い》れたポツダム宣言《せんげん》の第《だい》十項《こう》に、日本軍《にほんぐん》がアメリカ軍《ぐん》の兵士《へいし》を虐待《ぎゃくたい》したり、それ以外《いがい》の戦争犯罪《せんそうはんざい》を行《おこな》ったりしたことに対《たい》して、厳《きび》しく罰《ばっ》することが書《か》かれていたからである。

第二次世界大戦《だいにじせかいたいせん》が終《お》わると、戦勝国《せんしょうこく》は敗戦国《はいせんこく》のドイツと日本《にほん》の戦争犯罪《せんそうはんざい》を裁《さば》いた。これを「戦犯裁判《せんぱんさいばん》」というが、日本《にほん》の戦犯裁判《せんぱんさいばん》にはＢＣ級《きゅう》の裁判《さいばん》があって、連合国《れんごうこく》の捕虜《ほりょ》や一般住民《いっぱんじゅうみん》の虐待《ぎゃくたい》を命令《めいれい》した者《もの》を「B級戦犯《きゅうせんぱん》」と呼《よ》び、それを実行《じっこう》した者《もの》を「C級戦犯《きゅうせんぱん》」と呼《よ》んで区別《くべつ》した。

この他《ほか》に、戦犯裁判《せんぱんさいばん》には、日本《にほん》の戦争指導者《せんそうしどうしゃ》を「A級戦犯《きゅうせんぱん》」と呼《よ》んで裁《さば》いた裁判《さいばん》があった。これを「東京裁判《とうきょうさいばん》」と言《い》った。

連合国《れんごうこく》は、この裁判《さいばん》を行《おこな》うために「平和《へいわ》に対《たい》する罪《つみ》」（他国への侵略戦争を計画して準備しそれを実行したことに対する罪）と「人道《じんどう》に対《たい》する罪《つみ》」（戦争中に民間人に対して行った乱暴や殺人に対する罪）という新《あたら》しい刑罰《けいばつ》を作《つく》った。

このような法律《ほうりつ》を「事後法《じごほう》」（以前は犯罪ではなかった行為を裁くために、後から作った法律のこと）と言《い》うが、これは「事後法禁止《じごほうきんし》の原則《げんそく》」を含《ふく》んだ「罪刑法定主義《ざいけいほうていしゅぎ》の原則《げんそく》」（人を裁くには、今ある法律を使って裁かなければならないという考え方）に反《はん》する法律《ほうりつ》として、昔《むかし》から法律家《ほうりつか》の間《あいだ》では厳《きび》しく批判《ひはん》されていることである。

では、なぜ連合国《れんごうこく》は、わざわざ「事後法禁止《じごほうきんし》の原則《げんそく》」に反《はん》した事後法《じごほう》を作《つく》ってまで、敗戦国《はいせんこく》の戦争指導者《せんそうしどうしゃ》を裁《さば》こうとしたのだろうか。その理由《りゆう》は、一般住民《いっぱんじゅうみん》や捕虜《ほりょ》に対《たい》する暴行《ぼうこう》や殺人《さつじん》などの「通例《つうれい》の戦争犯罪《せんそうはんざい》」の罪《つみ》だけでは、敗戦国《はいせんこく》の戦争責任《せんそうせきにん》を完全《かんぜん》に裁《さば》くことができないからである。

しかも、この戦犯裁判《せんぱんさいばん》は、スイスのような中立国《ちゅうりつこく》の判事《はんじ》や検事《けんじ》ではなく、すべて戦勝国《せんしょうこく》の判事《はんじ》と検事《けんじ》だけで行《おこな》われたのである。その理由《りゆう》は、自分《じぶん》たちがハル・ノートを使《つか》って、日本《にほん》に戦争《せんそう》を仕《し》かけたことを隠《かく》して、日本《にほん》を侵略国家《しんりゃくこっか》に仕立《した》て上《あ》げるためである。

アメリカ側《がわ》主席検事《しゅせきけんじ》のキーナンは昭和《しょうわ》二十一年《ねん》六月四日《がつよっか》に、東京裁判《とうきょうさいばん》は侵略戦争《しんりゃくせんそう》を防止《ぼうし》・予防《よぼう》することを目的《もくてき》とするのであって、復讐《ふくしゅう》を目的《もくてき》としたものではないと述《の》べた。

ジョセフ・キーナン

しかし、東京裁判《とうきょうさいばん》とは、このように正義《せいぎ》の名《な》を借《か》りて行《おこな》った偽善的《ぎぜんてき》な（うわべだけ良い行いをしているように見せること）裁判《さいばん》だったのである。

このため、戦勝国《せんしょうこく》から選《えら》ばれた判事《はんじ》たちは、満州事変《まんしゅうじへん》から大東亜《だいとうあ》戦争《せんそう》にいたるまでの日本《にほん》の軍事行動《ぐんじこうどう》をすべて侵略行為《しんりゃくこうい》だと見《み》なして、二十五人《にん》の被告全員《ひこくぜんいん》に対《たい》して有罪判決《ゆうざいはんけつ》（そのうち、七人《にん》が死刑判決《しけいはんけつ》）を下《くだ》したのである。

主権《しゅけん》の回復《かいふく》と戦犯《せんぱん》の名誉回復《めいよかいふく》

日本政府《にほんせいふ》は昭和《しょうわ》二十六年《ねん》九月八日《がつようか》に、アメリカのサンフランシスコで連合国側《れんごうこくがわ》（四十八カ国《こく》）と「サンフランシスコ講和条約《こうわじょうやく》」を結《むす》んだ。これによって、翌年《よくねん》四月《がつ》二十八日《にち》に、講和条約《こうわじょうやく》が発効《はっこう》されると占領《せんりょう》が終《お》わり、ようやく日本《にほん》は主権《しゅけん》を回復《かいふく》するのである。

日本政府《にほんせいふ》は四月《がつ》三十日《にち》に、さっそく「戦傷病者戦没者遺族等援護法《せんしょうびょうしゃせんぼつしゃいぞくとうえんごほう》」（以下《いか》、「遺族《いぞく》援護法《えんごほう》」と略《りゃく》す）を公布《こうふ》して、軍人《ぐんじん》および軍属《ぐんぞく》や、その遺族《いぞく》に年金《ねんきん》と弔慰金《ちょういきん》の支給《しきゅう》を開始《かいし》した。

しかし、占領期間中《せんりょうきかんちゅう》には東京裁判《とうきょうさいばん》の他《ほか》に、戦地《せんち》で一万人以上《まんにんいじょう》の日本兵《にほんへい》が逮捕《たいほ》され、そのうち、ＢＣ級戦犯《きゅうせんぱん》の罪《つみ》で一千人《せんにん》を超《こ》える日本兵《にほんへい》が処刑《しょけい》されていたのである。

現地《げんち》で処刑《しょけい》された日本兵《にほんへい》には、二十代《だい》から三十代《だい》までの独身者《どくしんしゃ》や結婚後《けっこんご》まもなく、妻子《さいし》を故郷《こきょう》に残《のこ》してきた人《ひと》たちが多《おお》かった。

戦勝国《せんしょうこく》は、彼《かれ》らの遺骨《いこつ》を遺族《いぞく》に返《かえ》さなかったため、教誨師《きょうかいし》（刑務所で受刑者に道徳的な教育活動を行う人）が、トイレット・ペーパーに書《か》かれた遺書《いしょ》を日本《にほん》に持《も》ち帰《かえ》って遺族《いぞく》に渡《わた》したのである。

その中《なか》の一人《ひとり》、陸軍憲兵曹長《りくぐんけんぺいそうちょう》の笠間高雄《かさまたかお》（当時《とうじ》三十二歳《さい》）さんは、インドネシア・ティモール島西端《とうせいたん》のクーパン収容所《しゅうようじょ》での虐待《ぎゃくたい》にたえかねて脱走《だっそう》し、一カ月後《げつご》に逮捕《たいほ》されて処刑《しょけい》された。

笠間曹長《かさまそうちょう》は、どんなにまだ見《み》ぬ子《こ》の顔《かお》が見《み》たかったことだろうか、どんなに帰《かえ》りたかったことだろうか。しかし、次《つぎ》の遺書《いしょ》を読《よ》めば分《わ》かるように、彼《かれ》は死《し》ぬにあたって、誰《だれ》への恨《うら》みの言葉《ことば》も残《のこ》さなかったのである。

拝啓《はいけい》

いよいよ永別《えいべつ》の秋《とき》（時）が参《まい》りました。私《わたくし》は明《みょう》三月一日《がっついたち》の朝《あさ》六時頃《じごろ》、南《みなみ》の果《はて》「チモール島《とう》」「クーパン」郊外《こうがい》の刑場《けいじょう》において十名《めい》の射手《しゃしゅ》により銃殺《じゅうさつ》され、短《みじか》い一生《いっしょう》を終《お》わります。（中略《ちゅうりゃく》）

戦争間《せんそうのあいだ》、自己《じこ》に与《あた》えられた任務遂行上《にんむすいこうじょう》やった事《こと》ですし、帝国《ていこく》の軍人《ぐんじん》として、また、日本人《にほんじん》として私《わたくし》は少《すこ》しも愧《は》づる（恥ずかしい）点《てん》はありません。

日本人《にほんじん》らしい態度《たいど》で、笑《わら》われぬ様《よう》、死《し》んでゆく覚悟《かくご》です。（中略《ちゅうりゃく》）

母上《ははうえ》、並《なら》びにお前《まえ》に対《たい》しても苦労《くろう》のみさせ、何《なん》ら報《むく》ゆる（お返しをする）ことなく先立《さきだ》つ私《わたくし》を何《なに》とぞ（どうか）許《ゆる》してくれ。

誰《だれ》を恨《うら》むこともない。敗戦《はいせん》という国家《こっか》の重大事《じゅうだいじ》に際《さい》しての礎石《そせき》（建物の基礎となる石）なのだ。（中略《ちゅうりゃく》）

決《けっ》して悲《かな》しまず、強《つよ》く生《い》き、母上《ははうえ》に孝養《こうよう》（親孝行）し、洋子《ようこ》を立派《りっぱ》に育《そだ》てて欲《ほ》しい。（中略《ちゅうりゃく》）

お母《かあ》さん、静子《しずこ》、洋子《ようこ》、永久《えいきゅう》にさようなら。

南《みなみ》の果《はて》チモール島《とう》において、永遠《えいえん》に幸福《こうふく》を祈《いの》りつづけます。（中略《ちゅうりゃく》）

昭和《しょうわ》二十四年《ねん》二月《がつ》二十八日《にち》

笠間高雄《かさまたかお》

笠間静子殿《かさましずこどの》

昭和《しょうわ》二十七年《ねん》に、フィリピンの戦犯裁判《せんぱんさいばん》で死刑判決《しけいはんけつ》を受《う》けて、刑務所《けいむしょ》に留置《りゅうち》され、明日《あす》も知《し》れない命《いのち》だった代田銀太郎《しろたぎんたろう》さんと伊藤正康《いとうまさやす》さんという二人《ふたり》の日本兵《にほんへい》がいた。教誨師《きょうかいし》の加賀尾秀忍師《かがおしゅうにんし》からの頼《たの》みで、彼《かれ》らが「ああモンテンルパの夜《よ》はふけて」という歌詞《かし》（代田銀太郎作詩《しろたぎんたろうさくし》）と楽譜《がくふ》（伊藤正康作曲《いとうまさやすさっきょく》）を作《つく》って、手紙《てがみ》とともに歌手《かしゅ》の渡辺《わたなべ》はま子《こ》さんに送《おく》ると、それがレコード化《か》され、たちまちのうちに大《だい》ヒットして、ＢＣ級戦犯《きゅうせんぱん》を釈放《しゃくほう》する運動《うんどう》が日本《にほん》に広《ひろ》がっていくのである。

当時《とうじ》は、まだ国内外《こくないがい》に戦犯《せんぱん》として一八六〇人《にん》の人《ひと》たちが服役《ふくえき》していたが、この運動《うんどう》で彼《かれ》らを釈放《しゃくほう》するために集《あつ》まった署名《しょめい》は、なんと四〇〇〇万《まん》にものぼったという。

やがて、加賀尾《かがお》師《し》が、この曲《きょく》の入《はい》ったオルゴールを携《たずさ》えて、フィリピンのキリノ大統領《だいとうりょう》に面会《めんかい》し、減刑《げんけい》と釈放《しゃくほう》を嘆願《たんがん》すると、そのメロディに感動《かんどう》したキリノ大統領《だいとうりょう》は昭和《しょうわ》二十八（一九五三）年《ねん》七月《がつ》に、モンテンルパの全受刑者《ぜんじゅけいしゃ》を日本《にほん》に送還《そうかん》することを発表《はっぴょう》するのである。

こうして、日本《にほん》で戦犯裁判《せんぱんさいばん》によって有罪《ゆうざい》となった人《ひと》たちの名誉《めいよ》を回復《かいふく》する運動《うんどう》が開始《かいし》されると、同年《どうねん》八月《がつ》三日《みっか》に衆議院本会議《しゅうぎいんほんかいぎ》において「戦争犯罪《せんそうはんざい》による受刑者《じゅけいしゃ》の赦免《しゃめん》（罪を許すこと）に関《かん》する決議《けつぎ》」が採択《さいたく》されるのである。

このとき、旧社会党《きゅうしゃかいとう》の衆院議員《しゅういんぎいん》堤《つつみ》ツルヨ代議士《だいぎし》は、「遺族《いぞく》は国家《こっか》の補償《ほしょう》も受《う》けられないでいる。しかもその英霊《えいれい》（戦死者の霊を尊敬していう言葉）は、靖国神社《やすくにじんじゃ》の中《なか》にさえも入《い》れてもらえない」と言《い》って、熱心《ねっしん》に活動《かつどう》した。やがて、国会《こっかい》で遺族援護法《いぞくえんごほう》と恩給法《おんきゅうほう》が改正《かいせい》され、それまで支給《しきゅう》が止《と》められていた戦犯《せんぱん》の遺族《いぞく》にも遺族年金《いぞくねんきん》や弔慰金《ちょういきん》が支給《しきゅう》されることになると、戦犯裁判《せんぱんさいばん》で有罪《ゆうざい》とされた人《ひと》たちは、国内法《こくないほう》では犯罪人《はんざいにん》として扱《あつか》わないようになるのである。

このため、日本政府《にほんせいふ》は、公文書《こうぶんしょ》で「戦犯刑死《せんぱんけいし》」とか「獄死《ごくし》」という言葉《ことば》を使《つか》わずに、「法務死《ほうむし》」という言葉《ことば》を使《つか》い、靖国神社《やすくにじんじゃ》では「殉難死《じゅなんし》」という言葉《ことば》を使《つか》うようになった。

これによって、A級戦犯《きゅうせんぱん》の人《ひと》たちは昭和《しょうわ》三十一（一九五六）年《ねん》三月《がつ》三十一日《にち》までに、BC級戦犯《きゅうせんぱん》の人《ひと》たちは昭和《しょうわ》三十三（一九五八）年《ねん》五月《がつ》三十日《にち》をもって、全員《ぜんいん》が釈放《しゃくほう》されたのである。

東京裁判《とうきょうさいばん》で、終身禁固刑《しゅうしんきんこけい》となった元大蔵大臣《もとおおくらだいじん》の賀屋興宣《かやおきのり》は釈放《しゃくほう》されると、第《だい》三次池田《じいけだ》内閣《ないかく》で法務大臣《ほうむだいじん》となり、政界《せいかい》に復帰《ふっき》した。

また禁固《きんこ》七年《ねん》の刑《けい》を受《う》けた元外務大臣《もとがいむだいじん》の重光葵《しげみつまもる》も釈放《しゃくほう》されると、鳩山内閣《はとやまないかく》の外務大臣《がいむだいじん》となり、政界《せいかい》に復帰《ふっき》したが、戦勝国側《せんしょうこくがわ》からは何《なん》の抗議《こうぎ》も受《う》けなかった。

こうして、ＢＣ級戦犯《きゅうせんぱん》の名誉《めいよ》が回復《かいふく》されると、国外《こくがい》でＢＣ級戦犯《きゅうせんぱん》として亡《な》くなった人《ひと》たちの御祭神《ごさいじん》の名票《めいひょう》が厚生省《こうせいしょう》で作成《さくせい》され、それが靖国神社《やすくにじんじゃ》に送《おく》られて、昭和《しょうわ》三十四（一九五九）年《ねん》に、「昭和殉難者《しょうわじゅんなんしゃ》」として、最初《さいしょ》の合祀《ごうし》が行《おこな》われたのである。

Ａ級戦犯《きゅうせんぱん》の合祀《ごうし》

やがて、Ａ級戦犯《きゅうせんぱん》として亡《な》くなった人《ひと》たちの御祭神《ごさいじん》の名票《めいひょう》も昭和《しょうわ》四十一（一九六六）年《ねん》に、厚生省《こうせいしょう》から靖国神社《やすくにじんじゃ》に送《おく》られ、昭和《しょうわ》四十六（一九七一）年《ねん》に、「崇敬者総代会《すうけいしゃそうだいかい》」によって、合祀《ごうし》が認《みと》められることになった。

こうした手続《てつづ》きを経《へ》て、靖国神社《やすくにじんじゃ》は昭和《しょうわ》五十三（一九七八）年《ねん》十月《がつ》十七日《にち》に、Ａ級戦犯《きゅうせんぱん》として亡《な》くなった十四人《にん》（東條英機《とうじょうひでき》、板垣征四郎《いたがきせいしろう》、土肥原賢二《どいはらけんじ》、松井石根《まついいわね》、木村兵太郎《きむらへいたろう》、武藤章《むとうあきら》、広田弘毅《ひろたこうき》と、獄死《ごくし》した松岡洋右《まつおかようすけ》、永野修身《ながのおさみ》の他《ほか》に、終身禁固刑《しゅうしんきんこけい》となった平沼騏一郎《ひらぬまきいちろう》、小磯國昭《こいそくにあき》、白鳥敏夫《しらとりとしお》、梅津美治郎《うめづよしじろう》や、禁固《きんこ》二十年《ねん》となった東郷茂徳《とうごうしげのり》）を昭和《しょうわ》殉難者《じゅなんしゃ》として合祀《ごうし》したのである。

靖国神社《やすくにじんじゃ》は、日本《にほん》の戦争指導者《せんそうしどうしゃ》たちは戦勝国《せんしょうこく》からの一方的《いっぽうてき》な軍事裁判《ぐんじさいばん》によって有罪《ゆうざい》になったに過《す》ぎないのだから、彼《かれ》らのことを戦犯《せんぱん》だとは思《おも》っていないのである。だから、たとえ、彼《かれ》らが東京裁判《とうきょうさいばん》で有罪《ゆうざい》になったとしても、国内法《こくないほう》では罪人《ざいにん》と見《み》なされないようになった以上《いじょう》、敗戦《はいせん》の責《せ》めを一身《いっしん》に引《ひ》き受《う》けて死《し》んだ彼《かれ》らを御祭神《ごさいじん》として、靖国《やすくに》神社《じんじゃ》に祀《まつ》るのは当然《とうぜん》のことなのである。

歴代首相《れきだいしゅしょう》の公式参拝《こうしきさんぱい》

日本《にほん》が昭和《しょうわ》二十六年《ねん》九月《がつ》に、サンフランシスコ講和条約《こうわじょうやく》を結《むす》ぶと、吉田茂首相《よしだしげるしゅしょう》は翌月《よくげつ》

吉田茂

十八日《にち》の夕方《ゆうがた》に、靖国神社《やすくにじんじゃ》で行《おこな》われた秋《あき》の例大祭《れいたいさい》に参拝《さんぱい》した。

　このときの吉田首相《よしだしゅしょう》の参拝《さんぱい》は、昭和《しょうわ》二十六年《ねん》十月《がつ》十九日付《にちづけ》『朝日《あさひ》新聞《しんぶん》』が「昭和《しょうわ》二十年《ねん》十月《がつ》二十三日《にち》、時《とき》の幣原首相《しではらしゅしょう》が参拝《さんぱい》して以来《いらい》、首相《しゅしょう》が、公の資格で参拝《さんぱい》したのは六年《ねん》ぶりである」（傍点《ぼうてん》は筆者《ひっしゃ》）と書《か》いているように、公式参拝《こうしきさんぱい》だったのである。

　にもかかわらず、このときの吉田首相《よしだしゅしょう》の公式参拝《こうしきさんぱい》に対《たい》しては、マスコミはおろか、GHQでさえも、何《なん》の注意《ちゅうい》も苦情《くじょう》も出《だ》さなかったのである。

　その後《ご》も、吉田首相《よしだしゅしょう》は、二年連続《ねんれんぞく》で春秋《しゅんじゅう》の例大祭《れいたいさい》に公式参拝《こうしきさんぱい》し、次《つぎ》の鳩山一郎《はとやまいちろう》と石橋《いしばし》湛山《たんざん》を除《のぞ》いて、毎年春《まいとしはる》と秋《あき》の例大祭《れいたいさい》を中心《ちゅうしん》に、岸信介《きしのぶすけ》（二回《かい》）から池田勇人《いけだはやと》（五回《かい》）、佐藤栄作《さとうえいさく》（十一回《かい》）、田中角栄《たなかかくえい》（六回《かい》）までの自民党《じみんとう》の歴代首相《れきだいしゅしょう》が公式参拝《こうしきさんぱい》したのである。

　こうした中《なか》で、昭和《しょうわ》五十年《ねん》の「終戦記念日《しゅうせんきねんび》」に、首相《しゅしょう》として戦後《せんご》、初《はじ》めて靖国神社《やすくにじんじゃ》を参拝《さんぱい》したのが三木武夫《みきたけお》（三回《かい》）であった。このとき、三木首相《みきしゅしょう》は、新聞記者《しんぶんきしゃ》からの質問《しつもん》に対《たい》して、公人《こうじん》（公務員や議員などの職にある人）としてではなく、あくまで個人《こじん》としての私的参拝《してきさんぱい》であると答《こた》えたのである。

確《たし》かに、以前《いぜん》から首相《しゅしょう》や閣僚《かくりょう》が靖国神社《やすくにじんじゃ》へ公式参拝《こうしきさんぱい》することは憲法《けんぽう》に違反《いはん》するのではないかという議論《ぎろん》があった。そこで、三木首相《みきしゅしょう》は、憲法《けんぽう》二十条《じょう》によって、私人《しじん》（公的な立場から離れた人、個人をいう）には信教《しんきょう》の自由《じゆう》が認《みと》められているため、たとえ首相《しゅしょう》でも私人《しじん》として参拝《さんぱい》すれば問題《もんだい》はないと判断《はんだん》したのである。

しかし、日本《にほん》がサンフランシスコ講和条約《こうわじょうやく》を結《むす》んでから、首相《しゅしょう》が毎年《まいとし》に行《おこな》われる春秋《しゅんじゅう》の例大祭《れいたいさい》に公人《こうじん》として参拝《さんぱい》することは、決《けっ》してめずらしいことではなかった。

国家《こっか》のために命《いのち》を捧《ささ》げた者《もの》に対《たい》して、その国《くに》の代表《だいひょう》が感謝《かんしゃ》と敬意《けいい》を捧《ささ》げることは、どこの国《くに》でも当《あ》たり前《まえ》のことだからである。

にもかかわらず、この三木首相《みきしゅしょう》の政治的妥協《せいじてきだきょう》によって、首相《しゅしょう》が靖国神社《やすくにじんじゃ》に参拝《さんぱい》するときは、新聞記者《しんぶんきしゃ》から公人《こうじん》としての参拝《さんぱい》か、私人《しじん》としての参拝《さんぱい》かが問《と》われるという愚《おろ》かな質問《しつもん》が習慣《しゅうかん》になってしまった。

そして、それ以降《いこう》、首相《しゅしょう》や閣僚《かくりょう》の靖国参拝《やすくにさんぱい》は憲法《けんぽう》の政教分離《せいきょうぶんり》に違反《いはん》するかどうかが、国内《こくない》で活発《かっぱつ》に議論《ぎろん》されるようになっていくのである。

続《つづ》く福田赳夫首相《ふくだたけおしゅしょう》（四回《かい》）も、春秋《しゅんじゅう》の例大祭《れいたいさい》と八月《がつ》十五日《にち》の終戦記念日《しゅうせんきねんび》に参拝《さんぱい》を行《おこな》うのであるが、この年《とし》に日本政府《にほんせいふ》は、今《いま》までの首相《しゅしょう》の靖国参拝《やすくにさんぱい》を「私的参拝《してきさんぱい》」だったという「政府《せいふ》の統一見解《とういつけんかい》」を発表《はっぴょう》してしまうのである。

続《つづ》く大平正芳首相《おおひらまさよししゅしょう》（三回《かい》）と鈴木善幸首相《すずきぜんこうしゅしょう》（八回《かい》）も、靖国神社《やすくにじんじゃ》に私的参拝《してきさんぱい》を行《おこな》ったが、この間《かん》、中国《ちゅうごく》、韓国《かんこく》、北朝鮮《きたちょうせん》は、A級戦犯《きゅうせんぱん》が靖国神社《やすくにじんじゃ》に合祀《ごうし》されたことを含《ふく》めて、少《すこ》しも批判《ひはん》してこなかったのである。

四　中国《ちゅうごく》・韓国《かんこく》・北朝鮮《きたちょうせん》はなぜ靖国《やすくに》参拝《さんぱい》に反対《はんたい》するのか

中曽根《なかそね》首相《しゅしょう》の公式《こうしき》参拝《さんぱい》

中曽根康弘首相《なかそねやすひろしゅしょう》は昭和《しょうわ》五十八年《ねん》四月《がつ》二十一日《にち》に、靖国神社《やすくにじんじゃ》を参拝《さんぱい》して、私費《しひ》で玉串料《たまぐしりょう》を払《はら》い、「内閣総理大臣《ないかくそうりだいじん》」と記帳《きちょう》した。このとき、新聞記者《しんぶんきしゃ》から「公人《こうじん》としてか、私人《しじん》としてか」と聞《き》かれると、「内閣総理大臣《ないかくそうりだいじん》としての中曽根康弘《なかそねやすひろ》が、靖国神社《やすくにじんじゃ》の英霊《えいれい》に感謝《かんしゃ》の参拝《さんぱい》をした」と答《こた》えたのである。

その後《ご》も、中曽根首相《なかそねしゅしょう》は、このスタイルを変《か》えずに、過去《かこ》八回《かい》（昭和《しょうわ》五十八年《ねん》～六十年《ねん》）にわたって靖国参拝《やすくにさんぱい》を行《おこな》った。そのうち、八月《がつ》十五日《にち》には二回《かい》（昭和《しょうわ》五十八年《ねん》、五十九年《ねん》）も参拝《さんぱい》していたが、中国《ちゅうごく》・韓国《かんこく》・北朝鮮《きたちょうせん》は少《すこ》しも批判《ひはん》してこなかったのである。

問題《もんだい》が起《お》こったのは、戦後《せんご》四十周年《しゅうねん》に当《あ》たる昭和《しょうわ》六十（一九八五）年《ねん》八月《がつ》十五日《にち》のときであった。

この日《ひ》、中曽根《なかそね》首相《しゅしょう》は、「靖国《やすくに》公式《こうしき》参拝《さんぱい》」の公約《こうやく》を実現《じつげん》するために、内閣総理大臣《ないかくそうりだいじん》として閣僚《かくりょう》とともに公式《こうしき》参拝《さんぱい》を行《おこな》った。このときに、中曽根《なかそね》首相《しゅしょう》が新《あら》たな政治的《せいじてき》妥協《だきょう》として行《おこな》ったのが、「①神道《しんとう》方式《ほうしき》（二拝《はい》二拍手《はくしゅ》一拝《いっぱい》）ではなく、本殿《ほんでん》で一拝《いっぱい》するだけとする、②玉串料《たまぐしりょう》ではなく、献花料《けんかりょう》を公費《こうひ》より支出《ししゅつ》する」という参拝《さんぱい》方法《ほうほう》であった。

この参拝《さんぱい》方法《ほうほう》なら、憲法《けんぽう》が禁止《きんし》する公人《こうじん》による宗教的活動《しゅうきょうてきかつどう》に当《あ》たらないため、国内《こくない》から反発《はんぱつ》されることはないだろうと判断《はんだん》したからである。

戦後《せんご》、靖国神社《やすくにじんじゃ》を襲《おそ》った第《だい》二の危機《きき》

ところが、この中曽根《なかそね》首相《しゅしょう》の公式《こうしき》参拝《さんぱい》に対《たい》して、七月末《がつまつ》から朝日新聞《あさひしんぶん》が騒《さわ》ぎだし、八月《がつ》七日《なのか》には「中国《ちゅうごく》が厳《きび》しい視線《しせん》で凝視《ぎょうし》している」と書《か》きだしたのである。

さらに朝日新聞《あさひしんぶん》が「中国《ちゅうごく》からの反発《はんぱつ》が予想《よそう》される」と書《か》くと、今《いま》まで一度《いちど》も靖国参拝《やすくにさんぱい》に反対《はんたい》してこなかった中国《ちゅうごく》が激《はげ》しく反発《はんぱつ》してきたのである。

その理由《りゆう》は、日本《にほん》の首相《しゅしょう》がA級戦犯《きゅうせんぱん》の合祀《ごうし》されている靖国神社《やすくにじんじゃ》に公式参拝《こうしきさんぱい》するのは、戦後《せんご》の日本《にほん》が侵略戦争《しんりゃくせんそう》の責任《せきにん》を認《みと》めていないからだというのである。

田中角栄首相《たなかかくえいしゅしょう》が昭和《しょうわ》四十七（一九七二）年《ねん》九月《がつ》に、中国《ちゅうごく》と国交《こっこう》を結《むす》んだときに発表《はっぴょう》した「日中共同宣言《にっちゅうきょうどうせんげん》」の中《なか》に、「日本側《にほんがわ》は、過去《かこ》において日本国《にほんこく》が戦争《せんそう》を通《とお》して中国国民《ちゅうごくこくみん》に重大《じゅうだい》な損害《そんがい》を与《あた》えたことについての責任《せきにん》を痛感《つうかん》し、深《ふか》く反省《はんせい》する」という一節《いっせつ》があった。

中国《ちゅうごく》は、日本軍《にほんぐん》による中国侵略《ちゅうごくしんりゃく》は「一部《いちぶ》の軍国主義者《ぐんこくしゅぎしゃ》によるもので、日本人民《にほんじんみん》は被害者《ひがいしゃ》である」とも述《の》べていた。

このため、中国《ちゅうごく》は、靖国神社《やすくにじんじゃ》が普通《ふつう》の戦没者《せんぼつしゃ》だけを祀《まつ》っているのなら、日本《にほん》の首相《しゅしょう》が参拝《さんぱい》しても決《けっ》して反発《はんぱつ》はしなかったし、たとえA級戦犯《きゅうせんぱん》が合祀《ごうし》されていても、日本《にほん》の首相《しゅしょう》が靖国神社《やすくにじんじゃ》に「私的参拝《してきさんぱい》」を行《おこな》っている間《あいだ》は、何《なん》の反発《はんぱつ》もしてこなかったのである。

しかし、日本《にほん》の首相《しゅしょう》が靖国神社《やすくにじんじゃ》に堂々《どうどう》と公式参拝《こうしきさんぱい》するなら、「日中共同声明《にっちゅうきょうどうせいめい》」の精神《せいしん》に反《はん》したものとして、どうしても許《ゆる》すわけにはいかないというわけである。

このように、中国《ちゅうごく》が騒《さわ》ぎだすと、朝日新聞《あさひしんぶん》も、この主張《しゅちょう》を報道《ほうどう》するという、キャッチボールをくり返《かえ》したのである。

これが戦後《せんご》、靖国神社《やすくにじんじゃ》を襲《おそ》った第二《だい》の危機《きき》であるが、中国《ちゅうごく》の言《い》い分《ぶん》には大《おお》きな矛盾《むじゅん》がある。なぜなら田中首相《たなかしゅしょう》が中国《ちゅうごく》と一緒《いっしょ》に発表《はっぴょう》した「日中共同宣言《にっちゅうきょうどうせんげん》」と、昭和《しょうわ》五十三年《ねん》に結《むす》んだ「日中平和友好条約《にっちゅうへいわゆうこうじょうやく》」の中《なか》に、十七世紀《せいき》から国際社会《こくさいしゃかい》で常識《じょうしき》となっている「内政相互《ないせいそうご》不干渉《ふかんしょう》」の文字《もじ》があるからである。

もともと、靖国問題《やすくにもんだい》というのは、国内問題《こくないもんだい》なのだから、中国《ちゅうごく》が日本《にほん》の国内問題《こくないもんだい》に干渉《かんしょう》して、外交問題《がいこうもんだい》に発展《はってん》させるのはまちがっているのである。日本政府《にほんせいふ》は、このことを中国側《ちゅうごくがわ》にハッキリと主張《しゅちょう》すべきだろう。

一方《いっぽう》、韓国《かんこく》の方《ほう》も江華島事件《こうかとうじけん》、甲午農民戦争《こうごのうみんせんそう》、日清戦争《にっしんせんそう》、日露戦争《にちろせんそう》、日韓併合《にっかんへいごう》など、日本《にほん》と韓国《かんこく》との間《あいだ》に多《おお》くのトラブルがあったので、日本《にほん》の軍国主義《ぐんこくしゅぎ》の象徴《しょうちょう》である靖国神社《やすくにじんじゃ》にA級戦犯《きゅうせんぱん》が合祀《ごうし》されている以上《いじょう》、首相《しゅしょう》の参拝《さんぱい》は認《みと》められないという理由《りゆう》で、靖国参拝《やすくにさんぱい》に反対《はんたい》したのである。

また北朝鮮《きたちょうせん》の方《ほう》も韓国《かんこく》と同《おな》じような言《い》い方《かた》で、小泉首相《こいずみしゅしょう》の靖国参拝《やすくにさんぱい》に反対《はんたい》した。

このように、韓国《かんこく》と北朝鮮《きたちょうせん》は、中国《ちゅうごく》と一緒《いっしょ》になって靖国参拝反対《やすくにさんぱいはんたい》の大合唱《だいがっしょう》を叫《さけ》ぶのであるが、いつも日本《にほん》では、最初《さいしょ》に左翼《さよく》（中国や北朝鮮のような社会主義を主張する立場）のマスコミが火種《ひだね》を落《お》として、油《あぶら》を注《そそ》いで大火事《おおかじ》にしてしまうのである。だから、靖国参拝《やすくにさんぱい》を外交問題《がいこうもんだい》にまで発展《はってん》させたのが、日本《にほん》の左翼《さよく》マスコミであることを忘《わす》れてはならないのである。

この影響《えいきょう》で、中曽根首相《なかそねしゅしょう》は、近隣諸国《きんりんしょこく》の国民感情《こくみんかんじょう》に配慮《はいりょ》するという後藤田官房長官《ごとうだかんぼうちょうかん》の談話《だんわ》を踏《ふ》まえて、翌年《よくねん》八月《がつ》十五日《にち》の靖国公式参拝《やすくにこうしきさんぱい》をやめてしまうのであるが、実《じつ》は中曽根《なかそね》首相《しゅしょう》が参拝《さんぱい》をやめた理由《りゆう》には、もう一《ひと》つ別《べつ》の理由《りゆう》があったのである。

当時《とうじ》の中国共産党《ちゅうごくきょうさんとう》には、改革派《かいかくは》のリーダーで胡耀邦《こようほう》という総書記《そうしょき》がいた。中曽根首相《なかそねしゅしょう》は、この人《ひと》と非常《ひじょう》に仲《なか》がよかったため、自分《じぶん》が靖国《やすくに》に参拝《さんぱい》すると、改革《かいかく》に反対《はんたい》している人《ひと》たちから胡耀邦《こようほう》が批判《ひはん》され、失脚《しっきゃく》するかもしれない。そうなれば、日本《にほん》と中国《ちゅうごく》との関係《かんけい》が悪《わる》くなるので、胡耀邦《こようほう》に迷惑《めいわく》がかからないように、靖国参拝《やすくにさんぱい》をあきらめたというのだ。

つまり、中曽根首相《なかそねしゅしょう》は、靖国神社《やすくにじんじゃ》に祀《まつ》られている戦没者《せんぼつしゃ》よりも、中国《ちゅうごく》との関係《かんけい》を大切《たいせつ》にしたというわけだが、その胡耀邦《こようほう》は、わずか半年《はんとし》で失脚《しっきゃく》してしまうのである。

結局《けっきょく》、中曽根首相《なかそねしゅしょう》の「公式参拝《こうしきさんぱい》」によって、靖国参拝《やすくにさんぱい》が憲法問題《けんぽうもんだい》から外交問題《がいこうもんだい》へと発展《はってん》したことで、これ以降《いこう》、どの首相《しゅしょう》も、国内外《こくないがい》からの反発《はんぱつ》を恐《おそ》れて在任中《ざいにんちゅう》に堂々《どうどう》と靖国参拝《やすくにさんぱい》ができなくなってしまったのである〔宮澤喜一《みやざわきいち》首相《しゅしょう》は平成《へいせい》四（一九九二）年《ねん》十一月《がつ》に、非公式《ひこうしき》に参拝《さんぱい》したと言《い》われている〕。

橋本首相《はしもとしゅしょう》の靖国参拝《やすくにさんぱい》

このように、中曽根《なかそね》首相以来《しゅしょういらい》、途絶《とだ》えていた首相《しゅしょう》による靖国神社《やすくにじんじゃ》への参拝《さんぱい》を十一年《ねん》ぶりに再開《さいかい》したのが、元日本遺族会代表《もとにほんいぞくかいだいひょう》の橋本龍太郎首相《はしもとりゅうたろうしゅしょう》である。

橋本首相《はしもとしゅしょう》は平成《へいせい》八（一九九六）年《ねん》七月《がつ》二十九日《にち》に、公用車《こうようしゃ》で靖国神社《やすくにじんじゃ》におもむくと、本殿《ほんでん》にて「二拝《はい》二拍手一拝《はくしゅいっぱい》」の神道方式《しんとうほうしき》で参拝《さんぱい》し、内閣総理大臣《ないかくそうりだいじん》と記帳《きちょう》した。

ちょうどこの日《ひ》は、首相《しゅしょう》の誕生日《たんじょうび》だったことから、「誕生日《たんじょうび》という私的《してき》な日《ひ》」に、いとこが祀《まつ》られている靖国神社《やすくにじんじゃ》に参拝《さんぱい》しにきたのである。

このときに、新聞記者《しんぶんきしゃ》から受《う》けた「公人《こうじん》としてか、私人《しじん》としてか」という質問《しつもん》に対《たい》して、橋本首相《はしもとしゅしょう》は「質問自体《しつもんじたい》がバカげている。何《なに》をもって公人《こうじん》と言《い》うのか」「総理大臣《そうりだいじん》に私人《しじん》があるのか。あるのならそう扱《あつか》っていただきたいが、それは許《ゆる》されない」と答《こた》えて、公人《こうじん》か私人《しじん》かの区別《くべつ》を明《あき》らかにしようとはしなかったのである。

野党《やとう》も私的参拝《してきさんぱい》ということで黙《だま》っていたが、中国政府《ちゅうごくせいふ》が抗議《こうぎ》してきたことから、橋本《はしもと》首相《しゅしょう》は翌年《よくねん》の靖国参拝《やすくにさんぱい》を見送《みおく》り、続《つづ》く小渕恵三首相《おぶちけいぞうしゅしょう》と森喜朗首相《もりよしろうしゅしょう》も、反発《はんぱつ》を恐《おそ》れて靖国《やすくに》参拝《さんぱい》を見送《みおく》ったのである。

小泉首相《こいずみしゅしょう》の公式参拝《こうしきさんぱい》

橋本首相《はしもとしゅしょう》に続《つづ》いて、五年後《ねんご》に靖国神社《やすくにじんじゃ》を私的参拝《してきさんぱい》したのは、自民党《じみんとう》の小泉純一郎首相《こいずみじゅんいちろうしゅしょう》であった。

小泉首相《こいずみしゅしょう》は、平成《へいせい》十三（二〇〇一）年《ねん》四月《がつ》の総裁選《そうさいせん》で「いかなる批判《ひはん》があろうとも、八月《がつ》十五日《にち》には必《かなら》ず靖国神社《やすくにじんじゃ》に参拝《さんぱい》する」と公約《こうやく》していたからである。その理由《りゆう》は、鹿児島《かごしま》県《けん》の知覧《ちらん》にあった特攻基地《とっこうきち》の跡《あと》を訪《おとず》れたとき、「知覧特攻平和会館《ちらんとっこうへいわかいかん》」にある特攻隊員《とっこうたいいん》の遺書《いしょ》を読《よ》んで深《ふか》く感動《かんどう》したからだったと言《い》われている。

このとき、小泉首相《こいずみしゅしょう》は、涙《なみだ》を流《なが》して「戦没者《せんぼっしゃ》に敬意《けいい》をはらい、哀悼《あいとう》の誠《まこと》をささげる」と固《かた》く決意《けつい》すると、公約通《こうやくどお》りに八月《がつ》十五日《にち》の参拝《さんぱい》を実現《じつげん》しようとした。

ところが、小泉首相《こいずみしゅしょう》は、親中派《しんちゅうは》（中国にこびを売る人たちの集まり）の福田官房長官《ふくだかんぼうちょうかん》、山崎幹事長《やまさきかんじちょう》、加藤元《かとうもと》幹事長《かんじちょう》から圧力《あつりょく》をかけられると、十三日《にち》に参拝《さんぱい》してしまうのである。

しかも、国民《こくみん》からあれだけ期待《きたい》されていながら、参拝後《さんぱいご》は「首相《しゅしょう》の職務《しょくむ》として参拝《さんぱい》しているのではない。私《わたし》の信条《しんじょう》から発《はっ》する参拝《さんぱい》だ」とか、「わが国民《こくみん》を含《ふく》め世界《せかい》の人々《ひとびと》に対《たい》して、大《おお》きな惨禍《さんか》（不幸なできごと）をもたらし、とりわけアジア近隣諸国《きんりんしょこく》に侵略《しんりゃく》して苦痛《くつう》を強《し》いた」という、史上最悪《しじょうさいあく》の談話《だんわ》を発表《はっぴょう》して、中国《ちゅうごく》と韓国《かんこく》に屈《くっ》してしまうのである。

これは、大東亜戦争《だいとうあせんそう》で亡《な》くなった戦没者《せんぼっしゃ》と、その遺族《いぞく》に対《たい》する最大《さいだい》の侮辱《ぶじょく》であると言《い》っていいだろう。

その後《ご》も、小泉首相《こいずみしゅしょう》は、靖国神社《やすくにじんじゃ》に参拝《さんぱい》するために、中曽根首相《なかそねしゅしょう》が考《かんが》えた参拝方式《さんぱいほうしき》を用《もち》いて、私的参拝《してきさんぱい》と大東亜戦争《だいとうあせんそう》の批判《ひはん》を何回《なんかい》もくり返《かえ》し、中国《ちゅうごく》、韓国《かんこく》、北朝鮮《きたちょうせん》からの政治《せいじ》干渉《かんしょう》に妥協《だきょう》することをやめようとはしなかったのである。

小泉首相《こいずみしゅしょう》が中曽根首相《なかそねしゅしょう》と同《おな》じように、こうした政治的《せいじてき》な妥協《だきょう》をくり返《かえ》しているうちに、日本《にほん》では、いつのまにか首相《しゅしょう》が靖国神社《やすくにじんじゃ》を私的《してき》にしか参拝《さんぱい》できないし、大東亜戦争《だいとうあせんそう》を侵略《しんりゃく》戦争《せんそう》呼《よ》ばわりすることが定着《ていちゃく》してしまったのである。

しかも、日本遺族会《にほんいぞくかい》の会長《かいちょう》をつとめる自民党《じみんとう》の古賀誠《こがまこと》衆議院議員《しゅうぎいんぎいん》らの幹部《かんぶ》は同年《どうねん》六月《がつ》に、小泉首相《こいずみしゅしょう》に対《たい》して、「首相《しゅしょう》の靖国参拝《やすくにさんぱい》はありがたいが、近隣諸国《きんりんしょこく》への配慮《はいりょ》、気配《きくば》りが必要《ひつよう》」と、中国《ちゅうごく》、韓国《かんこく》、北朝鮮《きたちょうせん》に対《たい》して政治的《せいじてき》な妥協《だきょう》を行《おこな》うように求《もと》めていたのである。

これに対《たい》して、日本遺族会《にほんいぞくかい》の会員《かいいん》からは「これまでの方針《ほうしん》を転換《てんかん》し、首相《しゅしょう》の靖国参拝《やすくにさんぱい》中止《ちゅうし》を求《もと》めるものではないか」という批判《ひはん》が相次《あいつ》いで起《お》こった。

そこで、日本遺族会《にほんいぞくかい》は、従来通《じゅうらいどお》りに「今後《こんご》も総理大臣《そうりだいじん》に対《たい》して、靖国神社参拝《やすくにじんじゃさんぱい》を続《つづ》けることを求《もと》め、靖国神社《やすくにじんじゃ》に代《か》わる新《あら》たな追悼施設《ついとうしせつ》は認《みと》めない。A級戦犯《きゅうせんぱん》の分祀《ぶんし》については靖国神社自身《やすくにじんじゃじしん》の問題《もんだい》」という方針《ほうしん》を発表《はっぴょう》した。

実《じつ》は、小泉首相《こいずみしゅしょう》の靖国参拝《やすくにさんぱい》のときにも話題《わだい》になったA級戦犯《きゅうせんぱん》の分祀《ぶんし》や靖国神社《やすくにじんじゃ》に代《か》わる新《あら》たな追悼施設《ついとうしせつ》のことは、中曽根首相《なかそねしゅしょう》が公式参拝《こうしきさんぱい》をしたころから持《も》ち上《あ》がっていたのである。

A級戦犯《きゅうせんぱん》の分祀《ぶんし》

中国《ちゅうごく》が首相《しゅしょう》の参拝《さんぱい》に反対《はんたい》するのは、靖国神社《やすくにじんじゃ》には中国《ちゅうごく》に対《たい》する侵略戦争《しんりゃくせんそう》を指導《しどう》したA級《きゅう》戦犯《せんぱん》が祀《まつ》られているからである。だから、靖国神社《やすくにじんじゃ》に合祀《ごうし》されているA級戦犯《きゅうせんぱん》の問題《もんだい》がなくなれば、これについての外交問題《がいこうもんだい》は解決《かいけつ》するということである。

要《よう》するに、中国側《ちゅうごくがわ》はA級戦犯《きゅうせんぱん》が靖国神社《やすくにじんじゃ》に合祀《ごうし》されていることだけを問題《もんだい》にしているのだから、A級戦犯《きゅうせんぱん》の神霊《しんれい》を靖国神社《やすくにじんじゃ》の御祭神《ごさいじん》から分《わ》けて別《べつ》の場所《ばしょ》に移《うつ》してしまえば参拝《さんぱい》に反対《はんたい》しないということになる。

このように、いったん合祀《ごうし》された神霊《しんれい》だけを御祭神《ごさいじん》から分《わ》けて別《べつ》の場所《ばしょ》に移《うつ》すことを「分祀《ぶんし》」というが、実《じつ》は、この分祀《ぶんし》を最初《さいしょ》に唱《とな》えたのが日本遺族会《にほんいぞくかい》だったのである。

日本遺族会《にほんいぞくかい》にとって、昔《むかし》から首相《しゅしょう》の靖国参拝《やすくにさんぱい》は悲願《ひがん》であった。このため、中曽根《なかそね》首相《しゅしょう》の公式参拝《こうしきさんぱい》が外交問題《がいこうもんだい》になると、昭和《しょうわ》六十年《ねん》の秋頃《あきごろ》から、A級戦犯《きゅうせんぱん》の遺族側《いぞくがわ》で首相《しゅしょう》の参拝《さんぱい》を続《つづ》けるにはA級戦犯《きゅうせんぱん》を分祀《ぶんし》（「合祀《ごうし》の取《と》り下《さ》げ」）させるしかないという意見《いけん》が出《で》てきた。

この意見《いけん》に対《たい》して、A級戦犯《きゅうせんぱん》七家族《かぞく》のうち、六家族《かぞく》が同意《どうい》したが、東條英機《とうじょうひでき》元首相《もとしゅしょう》の次男《じなん》である東條輝雄《とうじょうてるお》さんは、次《つぎ》のような理由《りゆう》で大反対《だいはんたい》したのである。

一、A級戦犯《きゅうせんぱん》が合祀《ごうし》されているから、首相《しゅしょう》が靖国神社《やすくにじんじゃ》に参拝《さんぱい》することは良《よ》くないという考え方《かんがかた》には、東京裁判《とうきょうさいばん》での戦勝国側《せんしょうこくがわ》の意見《いけん》に対《たい》して、命《いのち》を賭《か》けて反論《はんろん》した被告側《ひこくがわ》の遺族《いぞく》として同意《どうい》できない。

二、靖国神社《やすくにじんじゃ》のA級戦犯合祀《きゅうせんぱんごうし》については、それが良《よ》いことか悪《わる》いことか、遺族《いぞく》として発言《はつげん》できる立場《たちば》にはないが、合祀《ごうし》されたことは、A級戦犯《きゅうせんぱん》が戦没者《せんぼつしゃ》として認《みと》められたことを意味《いみ》するから遺族《いぞく》として感謝《かんしゃ》する。

三、靖国神社《やすくにじんじゃ》に合祀《ごうし》の取《と》り下《さ》げを申《もう》し出《で》ることは、故人《こじん》の遺志《いし》に合《あ》っているという考《かんが》え方《かた》は全《まった》く誤解《ごかい》である。故人《こじん》が日本《にほん》の国家国民《こっかこくみん》に対《たい》して感《かん》じていた大《おお》きな責任《せきにん》は、敗戦《はいせん》に対《たい》する責任《せきにん》である。

四、日本《にほん》と中国《ちゅうごく》との間《あいだ》で起《お》きた「靖国問題《やすくにもんだい》」は、両国《りょうこく》の政治家《せいじか》が適当《てきとう》でない言動《げんどう》をとったことに原因《げんいん》があるのだから、われわれ遺族《いぞく》が解決《かいけつ》しなければならない問題《もんだい》ではない。

これが東条家《とうじょうけ》の反対理由《はんたいりゆう》であったが、遺族《いぞく》の代表《だいひょう》が靖国神社《やすくにじんじゃ》の松平宮司《まつだいらぐうじ》を訪《おとず》れて、合祀《ごうし》取《と》り下《さ》げを働《はたら》きかけたが断《ことわ》られた。これ以降《いこう》、日本遺族会《にほんいぞくかい》での合祀取《ごうしと》り下《さ》げの運動《うんどう》は下火《したび》になり、完全《かんぜん》に失敗《しっぱい》に終《お》わるのである。

一方《いっぽう》、中曽根首相《なかそねしゅしょう》も、中国《ちゅうごく》との関係《かんけい》を深《ふか》めたいと考《かんが》えていたことから、靖国参拝《やすくにさんぱい》が外交《がいこう》問題《もんだい》にまで発展《はってん》すると、外務大臣《がいむだいじん》や財界人《ざいかいじん》を中国《ちゅうごく》に派遣《はけん》して、中国側《ちゅうごくがわ》の本音《ほんね》を聞《き》き出《だ》そうとした。

中曽根首相《なかそねしゅしょう》は、彼《かれ》らから中国側《ちゅうごくがわ》がA級戦犯《きゅうせんぱん》だけを問題《もんだい》にしていることを聞《き》くと、平成《へいせい》十六（二〇〇四）年《ねん》に、A級戦犯《きゅうせんぱん》の分祀《ぶんし》を靖国神社側《やすくにじんじゃがわ》に働《はたら》きかけるのである。

これに対《たい》して、湯澤宮司《ゆざわぐうじ》は、神社《じんじゃ》としては御祭神《ごさいじん》の神霊《しんれい》を分祀《ぶんし》することはできても、それによって、元《もと》を断《た》つことはできないから、たとえ分祀《ぶんし》したとしても、靖国神社《やすくにじんじゃ》には元《もと》の神霊《しんれい》は残《のこ》ると説明《せつめい》した。分祀《ぶんし》というのは、たとえて言《い》えば、ロウソクの火《ひ》を別《べつ》のロウソクに移《うつ》しても、元《もと》のロウソクの火《ひ》は消《き》えないで、そのまま新《あたら》しいロウソクの火《ひ》と一緒《いっしょ》に赤々《あかあか》と燃《も》えている姿《すがた》をいうのである。

現在《げんざい》、靖国神社《やすくにじんじゃ》には総計《そうけい》二四六万《まん》六五三二柱《はしら》の神霊《しんれい》が祀《まつ》られているが、その中《なか》の特定《とくてい》の神霊《しんれい》を分祀《ぶんし》しても、ロウソクの火《ひ》と同《おな》じように元《もと》の神霊《しんれい》は靖国神社《やすくにじんじゃ》に残《のこ》るので、たとえ何度《なんど》分祀《ぶんし》しても靖国神社《やすくにじんじゃ》から外《はず》したことにはならないのである。

小泉首相《こいずみしゅしょう》の靖国参拝《やすくにさんぱい》の日を十三日《にち》に変《か》えさせた山崎拓《やまさきたく》元《もと》自民党《じみんとう》副総裁《ふくそうさい》も同《おな》じ年《とし》に、A級《きゅう》戦犯《せんぱん》の分祀《ぶんし》を靖国神社側《やすくにじんじゃがわ》に働《はたら》きかけたが断《ことわ》られている。

政治家《せいじか》たちが唱《とな》えている分祀《ぶんし》というのは、政治的《せいじてき》な都合《つごう》で神霊《しんれい》を勝手《かって》に分《わ》けて、どこかに持《も》っていこうとするもので、大変《たいへん》に傲慢《ごうまん》な考《かんが》え方《かた》なのである。そもそも、一宗教法人《いちしゅうきょうほうじん》である靖国神社《やすくにじんじゃ》に対《たい》して、政府《せいふ》が分祀《ぶんし》を迫《せま》ること自体《じたい》が憲法《けんぽう》の政教分離《せいきょうぶんり》に違反《いはん》する行為《こうい》だと言《い》っていいだろう。

戦没者《せんぼつしゃ》の国立追悼施設《こくりつついとうしせつ》

こうした中《なか》で、A級戦犯《きゅうせんぱん》の分祀《ぶんし》がどうしてもできないのであれば、靖国神社《やすくにじんじゃ》に代《か》わる戦没者《せんぼつしゃ》の追悼施設《ついとうしせつ》を新《あたら》しく作《つく》って、そこに首相《しゅしょう》が参拝《さんぱい》すればいいという意見《いけん》が出《で》てきた。

これは平成《へいせい》十四（二〇〇二）年《ねん》に、当時《とうじ》、小泉内閣《こいずみないかく》で官房長官《かんぼうちょうかん》をつとめていた福田康夫《ふくだやすお》の私的諮問機関《してきしもんきかん》（政治家が知識人から意見を求めるために作った組織）である「追悼《ついとう》・平和祈念《へいわきねん》のための記念碑等施設《きねんひとうしせつ》の在《あ》り方《かた》を考《かんが》える懇談会《こんだんかい》」が提案《ていあん》したものである。

この案《あん》は、もともと平成《へいせい》十三年《ねん》八月《がつ》十三日《にち》に、小泉首相《こいずみしゅしょう》が参拝《さんぱい》したときに発表《はっぴょう》した談話《だんわ》の中《なか》に、「内外《ないがい》の人々《ひとびと》がわだかまりなく、追悼《ついとう》の誠《まこと》をささげるにはどうすればよいか、議論《ぎろん》をする必要《ひつよう》がある」という一節《いっせつ》がきっかけとなっている。

この追悼施設《ついとうしせつ》という案《あん》は昭和《しょうわ》四十七年当時《ねんとうじ》、まだ自民党《じみんとう》の総務会長《そうむかいちょう》だった中曽根首相《なかそねしゅしょう》が靖国神社《やすくにじんじゃ》の国家護持《こっかごじ》の反対者《はんたいしゃ》に配慮《はいりょ》して提案《ていあん》した「不滅《ふめつ》の灯《ともしび》をともす大殿堂《だいでんどう》」という案《あん》がもとになっている。

その後《ご》、小渕内閣《おぶちないかく》の野中広務《のなかひろむ》官房長官《かんぼうちょうかん》が平成《へいせい》十一（一九九九）年《ねん》八月《がつ》に、A級戦犯《きゅうせんぱん》の分祀《ぶんし》と靖国神社《やすくにじんじゃ》の特殊法人化《とくしゅほうじんか》（靖国神社を非宗教的な施設に改めること）をセットにした案《あん》を提案《ていあん》したが、このときに、靖国神社《やすくにじんじゃ》に代《か》わる別《べつ》の追悼施設《ついとうしせつ》の案《あん》が出《で》てきている。

また平成《へいせい》十三年《ねん》六月《がつ》二十日《はつか》の党首討論《とうしゅとうろん》のときにも、民主党代表《みんしゅとうだいひょう》の鳩山由紀夫《はとやまゆきお》が国立墓地《こくりつぼち》の新設《しんせつ》を唱《とな》えている。

しかし、これらの案《あん》は、どれも憲法問題《けんぽうもんだい》だけでなく、中国《ちゅうごく》、韓国《かんこく》、北朝鮮《きたちょうせん》に配慮《はいりょ》して、靖国神社《やすくにじんじゃ》に代《か》わる別《べつ》の追悼施設《ついとうしせつ》を作《つく》るという考《かんが》え方《かた》から来《き》ていることは明《あき》らかである。

問題《もんだい》なのは、靖国神社《やすくにじんじゃ》に代《か》わる別《べつ》の戦没者《せんぼつしゃ》の追悼施設《ついとうしせつ》を作《つく》っても、靖国神社《やすくにじんじゃ》のような神霊《しんれい》がいないところに果《は》たして参拝者《さんぱいしゃ》が納得《なっとく》して来《く》るかということである。いくら立派《りっぱ》な施設《しせつ》を作《つく》ったとしても、施設《しせつ》がただのコンクリートのかたまりでは意味《いみ》がないのである。靖国神社《やすくにじんじゃ》が欧米《おうべい》の追悼施設《ついとうしせつ》と違《ちが》うのは、欧米《おうべい》では追悼施設《ついとうしせつ》が単《たん》なる儀式《ぎしき》の場所《ばしょ》にすぎないのに対《たい》して、靖国神社《やすくにじんじゃ》は英霊《えいれい》一人《ひとり》ひとりが神《かみ》となって合祀《ごうし》され、宿《やど》るところであり、国民《こくみん》が英霊《えいれい》と直接《ちょくせつ》にふれあう場《ば》なのである。

当時《とうじ》の自民党内《じみんとうない》でも、靖国神社《やすくにじんじゃ》が形骸化《けいがいか》（中身が失われて外形だけが残ること）すると言《い》って、別《べつ》の施設《しせつ》の建設《けんせつ》に反対《はんたい》する意見《いけん》が多《おお》かった。

当然《とうぜん》、靖国神社《やすくにじんじゃ》も分祀論《ぶんしろん》に反対《はんたい》したように、この追悼施設《ついとうしせつ》を作《つく》ることにも反対《はんたい》したのである。京都産業大学《きょうとさんぎょうだいがく》で日本文化《にほんぶんか》を研究《けんきゅう》しているイタリア人《じん》のロマノ・ヴルピッタ教授《きょうじゅ》が、「戦犯《せんぱん》とは、戦勝国《せんしょうこく》が独断《どくだん》で決《き》めたことであり、日本人《にほんじん》と無関係《むかんけい》の事柄《ことがら》である。外国軍《がいこくぐん》による占領《せんりょう》が終《お》わり、日本《にほん》が主権《しゅけん》を回復《かいふく》したとき、史上最大規模《しじょうさいだいきぼ》の署名運動《しょめいうんどう》に応《こた》えて、国会《こっかい》はすべての戦犯《せんぱん》の名誉回復《めいよかいふく》を決定《けってい》したのである」

と述《の》べているように、そもそも、靖国神社《やすくにじんじゃ》は、A級戦犯《きゅうせんぱん》が東京裁判《とうきょうさいばん》で有罪《ゆうざい》になったとしても、国内法《こくないほう》では罪人《ざいにん》とみなされないことになったのだから、彼《かれ》らのことを戦犯《せんぱん》だとは思《おも》っていないのである。

だから、靖国神社《やすくにじんじゃ》に祀《まつ》られている御祭神《ごさいじん》には戦犯《せんぱん》などいないのであるが、戦後《せんご》の「反戦《はんせん》平和教育《へいわきょういく》」に汚染《おせん》された政治家《せいじか》たちは、そうしたことがまったく分《わ》かっていないから、中国《ちゅうごく》、韓国《かんこく》、北朝鮮《きたちょうせん》からの要求《ようきゅう》を受《う》け入《い》れようとするのである。

ヴルピッタ教授《きょうじゅ》も「今《いま》になって戦犯《せんぱん》の合祀《ごうし》の正否《せいひ》（正しいか正しくないか）を問《と》うのは、死者《ししゃ》の遺体《いたい》を墓《はか》から掘《ほ》り出《だ》すような野蛮的《やばんてき》な行為《こうい》に等《ひと》しい冒涜《ぼうとく》（神聖なものをけがすこと）である」と述《の》べているように、A級戦犯分祀《きゅうせんぱんぶんし》とは、敗戦《はいせん》の責《せ》めを一身《いっしん》に引《ひ》き受《う》けた国家《こっか》の指導者《しどうしゃ》に対《たい》して、生《い》き残《のこ》った者《もの》が唾《つば》をかけ、鞭《むち》を打《う》つような野蛮《やばん》な行為《こうい》なのである。

五　外国人《がいこくじん》は大東亜戦争《だいとうあせんそう》と戦犯裁判《せんぱんさいばん》をどのように見《み》ているのか

アメリカ人《じん》から見《み》た大東亜戦争《だいとうあせんそう》

中国《ちゅうごく》、韓国《かんこく》、北朝鮮《きたちょうせん》は、大東亜戦争《だいとうあせんそう》を侵略戦争《しんりゃくせんそう》呼《よ》ばわりして、首相《しゅしょう》の靖国参拝《やすくにさんぱい》に反対《はんたい》してくるのであるが、では、他《た》の外国人《がいこくじん》は、大東亜戦争《だいとうあせんそう》をどのように見《み》ているだろうか。

昭和《しょうわ》二十五（一九五〇）年《ねん》六月《がつ》二十五日《にち》に、北朝鮮《きたちょうせん》の軍隊《ぐんたい》が韓国《かんこく》に侵攻《しんこう》するという大事件《だいじけん》が起《お》こると、アメリカのトルーマン大統領《だいとうりょう》は、マッカーサー元帥《げんすい》を国連軍《こくれんぐん》の最高司令官《さいこうしれいかん》に任命《にんめい》して、「朝鮮戦争《ちょうせんせんそう》」に参戦《さんせん》することを決定《けってい》した。

ハリー・S・トルーマン

　ところが、トルーマン大統領《だいとうりょう》は、マッカーサー元帥《げんすい》が満州《まんしゅう》や中国《ちゅうごく》に爆撃《ばくげき》することを提案《ていあん》すると、ソ連《れん》と中国《ちゅうごく》を刺激《しげき》したくないことから、マッカーサー元帥《げんすい》を解任《かいにん》するのである。

マッカーサー元帥《げんすい》が翌年《よくねん》四月《がつ》に、アメリカに帰国《きこく》すると、アメリカの上院軍事外交委員会《じょういんぐんじがいこういいんかい》が、今回《こんかい》の解任《かいにん》についてのいきさつとアジア情勢《じょうせい》を調《しら》べるために聴聞会《ちょうもんかい》（行政機関が関係者から意見を聞くための会議）を開《ひら》いて、マッカーサー元帥《げんすい》に証言《しょうげん》を求《もと》めるのである。

このとき、マッカーサー元帥《げんすい》は昭和《しょうわ》二十六年《ねん》五月三日《がつみっか》の聴聞会《ちょうもんかい》で、次《つぎ》のように日本《にほん》が連合国《れんごうこく》を攻撃《こうげき》したのは、連合国《れんごうこく》が日本《にほん》に対《たい》して資源《しげん》の輸出《ゆしゅつ》を止《と》めたことに原因《げんいん》があると証言《しょうげん》したのである。

「日本《にほん》の産業《さんぎょう》は、絹《きぬ》（シルク）産業《さんぎょう》以外《いがい》に輸出《ゆしゅつ》できるものがない。それ以外《いがい》は輸入《ゆにゅう》に頼《たよ》るしかないので、日本《にほん》の指導者《しどうしゃ》たちは連合国《れんごうこく》から資源《しげん》を輸入《ゆにゅう》できなくなったら、一千万人《せんまんにん》以上《いじょう》の失業者《しつぎょうしゃ》が発生《はっせい》してしまうことを恐《おそ》れた。

したがって、彼《かれ》らが戦争《せんそう》を始《はじ》めた理由《りゆう》は、ほとんど安全保障《あんぜんほしょう》（外国からの侵略に対して、国家と国民の安全と平和を守ること）の必要《ひつよう》からきている」

アメリカのフーバー大統領《だいとうりょう》も回想録《かいそうろく》で、昭和《しょうわ》二十一年《ねん》五月《がつ》に、マッカーサー元帥《げんすい》と次《つぎ》のような話《はな》し合《あ》いをしたと述《の》べている。

『「日本《にほん》との戦争《せんそう》の全《すべ》ては、戦争《せんそう》に入《はい》りたいという狂人《きょうじん》（ルーズベルト）の欲望《よくぼう》であった」と私《わたし》（フーバー）が言《い》うと、マッカーサーは同意《どうい》した。

私《わたし》（フーバー）は更《さら》に続《つづ》けて次《つぎ》のように言《い》った。「一九四一年《ねん》七月《がつ》の（日本《にほん》への）経済《けいざい》制裁《せいさい》は、単《たん》に挑発的《ちょうはつてき》であったばかりではない。それは、たとえ自殺行為《じさつこうい》であると分《わ》かっていても、日本《にほん》に戦争《せんそう》を余儀《よぎ》なくさせるものであった。

なぜなら、この経済制裁《けいざいせいさい》は、殺人《さつじん》と破壊《はかい》を除《のぞ》く、あらゆる戦争《せんそう》の悲惨《ひさん》さを（日本《にほん》に）強制《きょうせい》するものであり、誇《ほこ》りのある国《くに》ならとても忍耐《にんたい》できるものではないからだ」。この私《わたし》の発言《はつげん》にもマッカーサーは同意《どうい》した』

このように、アメリカを代表《だいひょう》する二人《ふたり》の有名《ゆうめい》な将軍《しょうぐん》と大統領《だいとうりょう》が、日本《にほん》は侵略戦争《しんりゃくせんそう》をしたのではなく、自国《じこく》を守《まも》るために「自衛戦争《じえいせんそう》」をやったと言《い》っているのである。

では、日本《にほん》がアジア侵略《しんりゃく》をしたと言《い》っている中国《ちゅうごく》、韓国《かんこく》、北朝鮮《きたちょうせん》に対《たい》して、他《た》のアジア諸国《しょこく》の指導者《しどうしゃ》たちは、大東亜戦争《だいとうあせんそう》をどのように見《み》ているのだろうか。

大東亜戦争《だいとうあせんそう》と日本《にほん》を讃《たた》えたアジア諸国《しょこく》の指導者《しどうしゃ》はたくさんいるが、その中《なか》から代表的《だいひょうてき》なものをとりあげて、大東亜戦争《だいとうあせんそう》の真実《しんじつ》を見《み》てみよう。

アジア人《じん》から見《み》た大東亜戦争《だいとうあせんそう》

①ラダクリッシュナン（インド第《だい》二代大統領《だいだいとうりょう》）

インドが今日独立《こんにちどくりつ》できたのは、日本《にほん》のおかげである。それはひとりインドだけではない。ベトナムであれ、ビルマであれ、インドネシアであれ、西欧《せいおう》の旧植民地《きゅうしょくみんち》であったアジア諸国《しょこく》は、日本人《にほんじん》がはらった大《おお》きな犠牲《ぎせい》の上《うえ》に独立《どくりつ》できたのである。

われわれアジアの民《たみ》は、一九四一年《ねん》十二月八日《がつようか》をアジア解放《かいほう》の記念日《きねんび》として記憶《きおく》すべきであり、日本《にほん》に対《たい》する感謝《かんしゃ》の心《こころ》をわすれてはならない。

②タナット・コーマン（タイ副首相《ふくしゅしょう》・外務大臣《がいむだいじん》）

あの戦争《せんそう》によって世界《せかい》のいたるところで植民地支配《しょくみんちしはい》が打《う》ちこわされました。そして、これは、日本《にほん》が勇敢《ゆうかん》に戦《たたか》ってくれたおかげです。新《あたら》しい独立国《どくりつこく》が、多《おお》くの火《ひ》の中《なか》から不死鳥《ふしちょう》のように姿《すがた》をあらわしました。だれに感謝《かんしゃ》をささげるべきかは、あまりも明白《めいはく》（はっきりしていること）です。

③マハティール・ビン・モハマッド（マレーシア第《だい》四代《だい》首相《しゅしょう》）

アジア人《じん》の日本人《にほんじん》が、とうていうち負《ま》かすことのできないと私《わたし》たちが思《おも》っていたイギリスの植民地支配者《しょくみんちしはいしゃ》を打《う》ちのめした。私《わたし》の心《こころ》の中《なか》にアジア人《じん》としての自信《じしん》がしだいに芽《め》ばえてきた。マレー人《じん》だって日本人《にほんじん》のように決心《けっしん》すれば、自分《じぶん》の意思《いし》で何《なん》でもできるはずだと。

④ゴーチョクトン・(シンガポール第《だい》二代首相《だいしゅしょう》)

日本軍《にほんぐん》の緒戦《しょせん》（戦争が始まったころの戦い）の勝利《しょうり》によって、欧米《おうべい》のアジア支配《しはい》は打《う》ちくだかれ、アジア人《じん》は「自分《じぶん》たちも欧米人《おうべいじん》に負《ま》けない」という自信《じしん》を持《も》った。日本《にほん》の敗戦後《はいせんご》十五年《ねん》以内《いない》に、アジアの植民地《しょくみんち》はすべて解放《かいほう》された。

⑤スハルト（インドネシア第《だい》二代大統領《だいだいとうりょう》）

PETA（ジャワ防衛義勇軍《ぼうえいぎゆうぐん》）でたたきこまれた闘争精神《とうそうせいしん》（戦おうとする強い気持ち）、愛国精神《あいこくせいしん》（国を愛する気持ち）抜《ぬ》きには、われわれはもう一度《いちど》、インドネシアを植民地《しょくみんち》にするために攻《せ》めてきたオランダをやっつけることはできなかったと私《わたし》は思《おも》う。その意味《いみ》で日本軍《にほんぐん》に感謝《かんしゃ》している。

⑥モハメッド・ナチール（インドネシア初代首相《しょだいしゅしょう》）

大東亜戦争《だいとうあせんそう》が起《お》きるまで、アジアは長《なが》い植民地体制下《しょくみんちたいせいか》に苦悶《くもん》していました。そのために、アジアは衰《おとろ》えるばかりでした。アジアは愚《おろ》かになるばかりでした。だから、アジアの希望《きぼう》は、植民地体制《しょくみんちたいせい》の粉砕《ふんさい》でした。大東亜戦争《だいとうあせんそう》は、私《わたし》たちアジア人《じん》の戦争《せんそう》を日本《にほん》が代表《だいひょう》して敢行《かんこう》（思いきって行うこと）したものです。

⑦バー・モウ（ビルマ初代首相《しょだいしゅしょう》）

真実《しんじつ》のビルマ独立宣言《どくりつせんげん》は、一九四八年《ねん》一月四日《がつよっか》ではなく、一九四三年《ねん》八月一日《がつついたち》に行《おこな》われたのであって、真実《しんじつ》のビルマ解放者《かいほうしゃ》は、アトリー氏《し》とその率《ひき》いる労働党政府《ろうどうとうせいふ》だけではなく、東條大将《とうじょうたいしょう》と大日本帝国政府《だいにっぽんていこくせいふ》であった。

外国人《がいこくじん》から見《み》た東京裁判《とうきょうさいばん》

このように、アジア諸国《しょこく》の指導者《しどうしゃ》たちは大東亜戦争《だいとうあせんそう》を西欧列強《せいおうれっきょう》の植民地支配《しょくみんちしはい》を打《う》ち倒《たお》すために行《おこな》ったアジア解放《かいほう》の戦《たたか》いだったと見《み》ているのであるが、連合国《れんごうこく》は戦争責任《せんそうせきにん》の全《すべ》てを日本《にほん》に押《お》しつけるために東京裁判《とうきょうさいばん》を行《おこな》ったのである。

戦後《せんご》の日本《にほん》では、東京裁判《とうきょうさいばん》は、マッカーサー元帥《げんすい》が日本軍《にほんぐん》に復讐《ふくしゅう》するために行《おこな》った裁判《さいばん》だと言《い》われているが、マッカーサー元帥《げんすい》が回想記《かいそうき》で

「戦《たたか》いに敗《やぶ》れた国《くに》の政治的指導者《せいじてきしどうしゃ》に犯罪《はんざい》の責任《せきにん》を問《と》うという考《かんが》え方《かた》は、私《わたし》にはきわめて不愉快《ふゆかい》であった。そのような行為《こうい》は、裁判《さいばん》というものの基本的《きほんてき》なルールを犯《おか》すことになる」

と述《の》べているように、実《じつ》は、マッカーサーは最初《さいしょ》から東京裁判《とうきょうさいばん》に反対《はんたい》していたのである。

マッカーサー元帥《げんすい》は、日本軍《にほんぐん》による卑怯《ひきょう》な無通告攻撃《むつうこくこうげき》（日本軍は昭和十六年十二月八日に、米英に対して、先制攻撃を行ったが、国際法では戦争を始める前に、相手側に知らせなければならなかった。しかし、駐米日本大使館の手ちがいから、真珠湾攻撃を開始した時刻から一時間二〇分も遅れてしまったのである）だけを裁《さば》くべきであって、事後法禁止《じごほうきんし》の原則《げんそく》に反《はん》しない裁判《さいばん》を行《おこな》うべきだということをアメリカ政府《せいふ》に訴《うった》えたし、またキーナン検事《けんじ》にも、そのことを強調《きょうちょう》していた。

一方《いっぽう》、A級戦犯全員《きゅうせんぱんぜんいん》に対《たい》して、無罪判決《むざいはんけつ》を言《い》い渡《わた》したインド代表《だいひょう》のパール判事《はんじ》も、判決書《はんけつしょ》の中《なか》で、

「条約《じょうやく》に反《はん》して戦争《せんそう》を起《お》こした国《くに》が戦勝国《せんしょうこく》になって敗戦国《はいせんこく》を裁《さば》いたとしても、将来《しょうらい》の戦争《せんそう》の発生《はっせい》を抑止《よくし》する（やめさせる）ことはできない。この裁判《さいばん》が後世《こうせい》（子孫のこと）に残《のこ》す教訓《きょうくん》（大切な教え）は、条約《じょうやく》に反《はん》して戦争《せんそう》を起《お》こした国《くに》は罰《ばっ》せられるということではなく、ただ戦争《せんそう》に負《ま》けた国《くに》は、あとから、ひどい目《め》にあわされるということである。

このような教訓《きょうくん》は、自分《じぶん》の国《くに》の武力《ぶりょく》にたようろうとする政治家《せいじか》や軍人《ぐんじん》を抑止《よくし》する効果《こうか》はな

いだろう。侵略戦争《しんりゃくせんそう》は、武力《ぶりょく》をたよる国《くに》によって起《お》こされるのである」
と述《の》べているように、東京裁判《とうきょうさいばん》が終《お》わった後《あと》も、世界中《せかいじゅう》でたくさんの侵略戦争《しんりゃくせんそう》が起《お》こっ
ていることを考《かんが》えれば、東京裁判《とうきょうさいばん》が侵略戦争《しんりゃくせんそう》を抑止《よくし》することに役立《やくだ》たなかったことは、ま
ちがいないだろう。

コラム③

ローマ法王《ほうおう》から見《み》た戦犯裁判《せんぱんさいばん》

日本《にほん》では、カトリック教会《きょうかい》のローマ法王《ほうおう》が戦犯裁判《せんぱんさいばん》で処刑《しょけい》されたＡＢＣ級《きゅう》の戦犯《せんぱん》に対《たい》して、深《ふか》い同情《どうじょう》の念《ねん》を寄《よ》せていたことはあまり知《し》られていない。

終戦後《しゅうせんご》、東京《とうきょう》・品川区《しながわく》にある品川寺《ほんせんじ》住職《じゅうしょく》の仲田順海《なかだじゅんかい》和尚《おしょう》は、昭和殉難者《しょうわじゅなんしゃ》のために慰霊堂《いれいどう》を建立《こんりゅう》して法要《ほうよう》を行《おこな》っていたが、やがて順海和尚《じゅんかいおしょう》が亡《な》くなると、仲田《なかだ》順和和尚《じゅんなおしょう》が後《あと》を引《ひ》き継《つ》いで法要《ほうよう》を続《つづ》けた。

昭和《しょうわ》五十一（一九七六）年《ねん》に、仲田住職《なかだじゅうしょく》は、当時《とうじ》ローマ法王《ほうおう》だったパウロ六世《せい》を訪《たず》ねて、次《つぎ》のように質問《しつもん》すると、パウロ六世《せい》は、こう答《こた》えたという。

「第二次大戦後《だいじたいせんご》、戦勝国《せんしょうこく》は敗戦国日本《はいせんこくにほん》に対《たい》して軍事《ぐんじ》裁判《さいばん》を行《おこな》い、千《せん》六十八人《にん》を死刑《しけい》にしました。そのことを法王《ほうおう》としてどう思《おも》いますか」

「それは恥《は》ずかしいことです。私《わたし》は処刑《しょけい》された人々《ひとびと》のミサを行《おこな》いたいと思《おも》います」

パウロ六世《せい》は、戦争《せんそう》の勝《か》ち負《ま》けや善悪《ぜんあく》も宗教《しゅうきょう》や宗派《しゅうは》の違《ちが》いを超《こ》えて、お互《たが》いに理解《りかい》を深《ふか》めたいと考《かんが》えたのであろう。この言葉《ことば》に感動《かんどう》した仲田和尚《なかだおしょう》は帰国《きこく》すると、さっそく、知《し》り合《あ》いの木工芸家《もっこうげいか》に頼《たの》んで五重塔《ごじゅうのとう》のミニチュア（十五分《ぶん》の一）を製作《せいさく》して、その中《なか》に昭和《しょうわ》殉難者《じゅなんしゃ》・千《せん》六十八柱《はしら》の位牌《いはい》を納《おさ》め、それを法王庁《ほうおうちょう》に持《も》っていくことに決《き》めた。

五重塔《ごじゅうのとう》のミニチュアがほぼ完成《かんせい》した昭和《しょうわ》五十三年《ねん》に、パウロ六世《せい》が亡《な》くなると、次《つぎ》の法王《ほうおう》にはヨハネ・

パウロ一世《せい》が決《き》まった。

しかし、この新法王《しんほうおう》が在職《ざいしょく》わずか三十三日間《にちかん》で亡《な》くなると、次《つぎ》の法王《ほうおう》にヨハネ・パウロ二世《せい》が決《き》まったが、この新法王《しんほうおう》は忙《いそが》しかったことから、この計画《けいかく》は実現《じつげん》できないかに見《み》えた。

ところが、パウロ六世《せい》の願《ねが》いがヨハネ・パウロ二世《せい》に申《もう》し送《おく》られていたのか、昭和《しょうわ》五十五（一九八〇）年《ねん》四月《がつ》に、ヨハネ・パウロ二世《せい》から仲田和尚《なかだおしょう》のもとに「五年前《ねんまえ》の約束《やくそく》を果《は》たしたい」と書《か》かれた手紙《てがみ》が思《おも》いもかけずに届《とど》けられるのである。

さっそく、仲田和尚《なかだおしょう》は、位牌《いはい》を納《おさ》めた五重塔《ごじゅうのとう》を持《も》って、それを製作《せいさく》した木工芸家《もっこうげいか》とともに、ローマ法王庁《ほうおうちょう》に出《で》かけると、五月《がつ》二十一日《にち》に、バチカンのサンピエトロ大聖堂《だいせいどう》で盛大《せいだい》なミサが厳《おごそ》かに行《おこな》われ、昭和殉難者《しょうわじゅなんしゃ》の位牌《いはい》を納《おさ》めた五重塔《ごじゅうのとう》が奉納《ほうのう》されたのである。

ヨハネ・パウロ二世

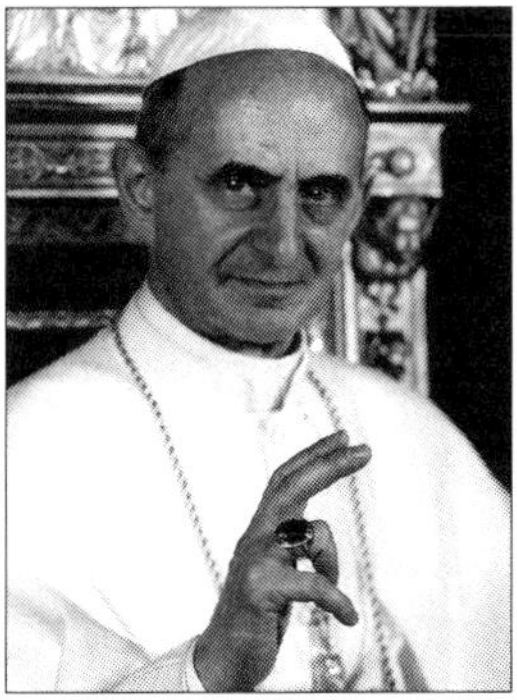
パウロ六世

第四章《だいしょう》　靖国神社《やすくにじんじゃ》と外国人《がいこくじん》

一　外国人《がいこくじん》は靖国神社《やすくにじんじゃ》をどのように見《み》ているのか

アジア人《じん》から見《み》た靖国神社《やすくにじんじゃ》

靖国問題《やすくにもんだい》について、アジアでいちばん批判《ひはん》が多《おお》いのは中国《ちゅうごく》、韓国《かんこく》、北朝鮮《きたちょうせん》であるが、次《つぎ》のように中国《ちゅうごく》と韓国《かんこく》の中《なか》には、大東亜戦争《だいとうあせんそう》と靖国神社《やすくにじんじゃ》を讃《たた》えている人《ひと》がいるのである。

例《たと》えば、拓殖大学客員教授《たくしょくだいがくきゃくいんきょうじゅ》で中国《ちゅうごく》から日本《にほん》に帰化《きか》した評論家《ひょうろんか》の石平《せきへい》さんは、次《つぎ》のように靖国参拝《やすくにさんぱい》の意義《いぎ》を述《の》べている。

『靖国神社《やすくにじんじゃ》はあたかも、戦後《せんご》の日本《にほん》と戦前《せんぜん》の日本《にほん》をつなぐトンネルのように私《わたし》は感《かん》じる。このトンネルを通《とお》して、われわれは英霊《えいれい》が身《み》をもって示《しめ》してくれた戦前《せんぜん》の日本精神《にほんせいしん》を学《まな》び、それをわれわれの手《て》に取《と》り戻《もど》すことができる。

われわれ日本国民《にほんこくみん》にとって、靖国参拝《やすくにさんぱい》とは、自分《じぶん》たちの遺族《いぞく》、血縁関係《けつえんかんけい》はないが国《くに》のために戦《たたか》って亡《な》くなった英霊《えいれい》を思《おも》っての参拝以上《さんぱいいじょう》に、深《ふか》い意味《いみ》がある。

英霊《えいれい》たちと交感《こうかん》することで、彼《かれ》らによって具象化《ぐしょうか》（具体的な形となって現れること）された日本精神《にほんせいしん》を学《まな》んでいるのだ。そうすることで、日本国《にほんこく》の再生《さいせい》を計《はか》っていく。これが、今後《こんご》の靖国参拝《やすくにさんぱい》のもっとも大事《だいじ》な意味《いみ》となるのではないかと、「新日本人《しんにほんじん》」としての私《わたし》はつくづく思《おも》うのである』

一方《いっぽう》、韓日文化研究所《かんにちぶんかけんきゅうじょ》の創立者《そうりつしゃ》で、韓国人《かんこくじん》の朴鉄柱《パク・チョルジュ》さんも、次《つぎ》のように大東亜戦争《だいとうあせんそう》と靖国神社《やすくにじんじゃ》を讃《たた》えている。

「大東亜戦争《だいとうあせんそう》で日本《にほん》は敗《やぶ》れたというが、負《ま》けたのはむしろイギリスを始《はじ》めとする植民地《しょくみんち》を持《も》った欧米諸国《おうべいしょこく》であった。彼《かれ》らはこの戦争《せんそう》によって植民地《しょくみんち》をすべて失《うしな》ったではないか。戦争《せんそう》に勝《か》ったか負《ま》けたかは、戦争目的《せんそうもくてき》を達成《たっせい》したかどうかによって決《き》まる、というのがクラウゼヴィッツ（十八世紀後半から十九世紀前半にかけてのプロイセンの軍人、軍事評論家）の戦争論《せんそうろん》である。

日本《にほん》は戦争《せんそう》に敗《やぶ》れて戦争目的《せんそうもくてき》を達成《たっせい》した。日本《にほん》こそ勝《か》ったのであり、日本《にほん》の戦争《せんそう》こそ、〝聖《せい》なる戦争《せんそう》〟であった。ある人《ひと》は敗戦《はいせん》によって日本《にほん》の国土《こくど》が破壊《はかい》されたというが、こんなものはすぐに回復《かいふく》されたではないか。

二百数十万《ひゃくすうじゅうまん》の戦死者《せんししゃ》はたしかに帰《かえ》ってこないが、しかし彼《かれ》らは英霊《えいれい》として靖国神社《やすくにじんじゃ》や護国神社《ごこくじんじゃ》に永遠《えいえん》に生《い》きて、国民尊崇《こくみんそんすう》（国民から尊びあがめられること）の対象《たいしょう》となるのである」

では、他《た》のアジア諸国《しょこく》は、小泉首相《こいずみしゅしょう》の靖国参拝《やすくにさんぱい》について、どう見《み》ているのだろうか。

ベトナムの外務省《がいむしょう》は、「すでにいくつかの国《くに》が憂慮《ゆうりょ》を示《しめ》しているが、われわれも同感《どうかん》だ」と、批判的《ひはんてき》に述《の》べている。

タイの新聞《しんぶん》『京華中原報《きょうかちゅうげんほう》』を見《み》ると、「小泉首相《こいずみしゅしょう》が首相《しゅしょう》という立場《たちば》で靖国神社《やすくにじんじゃ》を参拝《さんぱい》したことは、非常《ひじょう》に影響《えいきょう》が大《おお》きい」と書《か》いており、また『星州日報《せいしゅうにっぽう》』にも、「小泉首相《こいずみしゅしょう》が靖国参拝《やすくにさんぱい》を強行《きょうこう》した背景《はいけい》には、政治信念《せいじしんねん》がある。小泉首相《こいずみしゅしょう》は大局《たいきょく》を誤《あやま》り、個人《こじん》の政治的《せいじてき》信念《しんねん》のために大《おお》きな代価《だいか》を払《はら》った」と批判的《ひはんてき》に書《か》いている。

一方《いっぽう》、シンガポールのリー・シェンロン副首相《ふくしゅしょう》も、「日本《にほん》はドイツのように、早《はや》くから戦争《せんそう》の歴史《れきし》を清算《せいさん》すべき。近隣諸国《きんりんしょこく》で反発《はんぱつ》の強《つよ》い行為《こうい》であり、今後《こんご》はそのような状況《じょうきょう》が続《つづ》かないよう望《のぞ》む」「靖国神社《やすくにじんじゃ》に、戦争《せんそう》の犯罪人《はんざいにん》が祀《まつ》られている。シンガポールを含《ふく》む多《おお》くの国《くに》の人々《ひとびと》に、不幸《ふこう》な記憶《きおく》を甦《よみがえ》らせるものだ」と述《の》べ、首相《しゅしょう》の靖国参拝《やすくにさんぱい》を公然《こうぜん》と批判《ひはん》しているのである。

リー・シェンロン

では、なぜ大東亜戦争《だいとうあせんそう》を讃《たた》えているはずの東南《とうなん》アジアで靖国参拝《やすくにさんぱい》に反対《はんたい》する人《ひと》たちがいるのだろうか。その理由《りゆう》は、白人《はくじん》たちが戦前《せんぜん》に、東南《とうなん》アジアを植民地支配《しょくみんちしはい》すると、中国人《ちゅうごくじん》たちに現地人《げんちじん》を支配《しはい》させて、自分《じぶん》たちに憎《にく》しみが行《い》かないようにしたからである。

白人《はくじん》に味方《みかた》して現地人《げんちじん》を支配《しはい》していた中国人《ちゅうごくじん》たちのことを「華僑《かきょう》」といい、その子孫《しそん》たちを「華人《かじん》」というが、その華人《かじん》が現在《げんざい》、いちばん多《おお》いのが東南《とうなん》アジアのシンガポールなのである。

反対《はんたい》に、華人《かじん》が少《すく》ないカンボジアを見《み》ると、例《たと》えば、フン・セン首相《しゅしょう》は平成《へいせい》十三年《ねん》に、小泉首相《こいずみしゅしょう》が参拝《さんぱい》した直後《ちょくご》、ＡＳＥＡＮ（東南《とうなん》アジア諸国連合《しょこくれんごう》）加盟国《かめいこく》を訪《おとず》れた自民党《じみんとう》幹事長《かんじちょう》の山崎拓《やまさきたく》に対《たい》して、「日本《にほん》の首相《しゅしょう》が戦没者《せんぼつしゃ》を弔《とむら》うのは当然《とうぜん》である」と述《の》べ、首相《しゅしょう》の靖国参拝《やすくにさんぱい》に理解《りかい》を示《しめ》している。

メガワティ

同《おな》じように、華人《かじん》の少《すく》ないインドネシアでも、スカルノ大統領《だいとうりょう》の長女《ちょうじょ》であるメガワティ大統領《だいとうりょう》は、山崎幹事長《やまさきかんじちょう》からの「首相《しゅしょう》の行動《こうどう》にアジアの反発《はんぱつ》があるが、アジア・太平洋《たいへいよう》の平和《へいわ》と安定《あんてい》への首相《しゅしょう》の貢献《こうけん》を理解《りかい》してほしい」という要求《ようきゅう》に理解《りかい》を示《しめ》した。

ユドヨノ

またインドネシアのユドヨノ経済調整大臣《けいざいちょうせいだいじん》も、山崎幹事長《やまさきかんじちょう》に対《たい》して「日本軍《にほんぐん》の侵攻《しんこう》がわがインドネシアの独立《どくりつ》につながった」と述《の》べて、大東亜戦争《だいとうあせんそう》の意義《いぎ》を高《たか》く評価《ひょうか》している。

このように、同《おな》じアジアで靖国参拝《やすくにさんぱい》に反対《はんたい》する人《ひと》と、反対《はんたい》しない人《ひと》がいるのは、戦前《せんぜん》に日本軍《にほんぐん》に対《たい》して協力《きょうりょく》した人《ひと》か、そうでない人《ひと》かに大《おお》きく分《わ》かれるのである。

靖国神社《やすくにじんじゃ》を参拝《さんぱい》する台湾人《たいわんじん》たち

戦争中《せんそうちゅう》に、日本軍《にほんぐん》に協力《きょうりょく》してくれた台湾人《たいわんじん》の軍人《ぐんじん》と軍属《ぐんぞく》の合計《ごうけい》は二十万《まん》七一九三人《にん》であった。そのうち、三万《まん》三〇四人《にん》の台湾人《たいわんじん》が戦死《せんし》し、現在《げんざい》の靖国神社《やすくにじんじゃ》には二万《まん》七八六四人《にん》の台湾人《たいわんじん》が祀《まつ》られている。

終戦後《しゅうせんご》、台湾《たいわん》を支配《しはい》した国民党《こくみんとう》の外務省《がいむしょう》は、「近隣国《きんりんこく》の感情《かんじょう》を傷《きず》つけた歴史《れきし》と向《む》き合《あ》い、長期《ちょうき》の親善《しんぜん》に重点《じゅうてん》を置《お》き、アジアの自由《じゆう》と安全《あんぜん》、民主《みんしゅ》を増進《ぞうしん》させることを望《のぞ》む」と述《の》べて、日本《にほん》が近隣諸国《きんりんしょこく》に配慮《はいりょ》するように求《もと》めた。

しかし、戦前《せんぜん》に日本《にほん》に協力《きょうりょく》した台湾人《たいわんじん》の一人《ひとり》である蘇進強《そしんきょう》さんは平成《へいせい》十七（二〇〇五）年《ねん》四月《がつ》に、「台湾《たいわん》の独立《どくりつ》」を掲《かか》げる「台湾団結聯盟《たいわんだんけつれんめい》」の党首《とうしゅ》として初《はじ》めて靖国参拝《やすくにさんぱい》を行《おこな》って、親日派《しんにちは》であることを示《しめ》したのである。

元陸軍少尉《もとりくぐんしょうい》で親日派《しんにちは》の元国民党党首《もとこくみんとうとうしゅ》、李登輝総統《りとうきそうとう》も平成《へいせい》十九（二〇〇七）年《ねん》六月七日《がつなのか》に、戦死《せんし》した兄《あに》が祀《まつ》られている靖国神社《やすくにじんじゃ》を参拝《さんぱい》した後《のち》、日本外国特派員協会《にほんがいこくとくはいんきょうかい》の記者会見《きしゃかいけん》で「靖国問題《やすくにもんだい》とは中国《ちゅうごく》とコリアが作《つく》ったおとぎ話《ばなし》だ」と発言《はつげん》している。

一方《いっぽう》、昭和《しょうわ》五十八年《ねん》に、日本《にほん》に帰化《きか》した元台湾人《もとたいわんじん》の劉美香《りゅうびこう》さんも、両親《りょうしん》が自分《じぶん》の結婚式《けっこんしき》に出席《しゅっせき》するために来日《らいにち》したときのことを次《つぎ》のように述《の》べている。

『私《わたし》は御縁《ごえん》があって、台北《タイペイ》で日本人《にほんじん》と知《し》り合《あ》い結婚《けっこん》しました。一九八一年《ねん》十月《がつ》、東京《とうきょう》での結婚式《けっこんしき》と披露宴《ひろうえん》に出席《しゅっせき》するために両親《りょうしん》も来日《らいにち》した。夫《おっと》はわが両親《りょうしん》にどこか案内《あんない》したいと言《い》ったとき、「靖国神社《やすくにじんじゃ》」という答《こた》えが返《かえ》ってきて驚《おどろ》いたそうだ。

……母《はは》の仲良《なかよ》しの同級生《どうきゅうせい》数人《すうにん》が海南島《かいなんとう》、フィリピン、南洋《なんよう》の島等《しまとう》で戦死《せんし》した。叔父《おじ》の同期《どうき》では、知《し》っているだけでも九〇数名《すうめい》も戦死《せんし》した。……八一年《ねん》の両親《りょうしん》の靖国参拝《やすくにさんぱい》の目的《もくてき》が、戦死《せんし》した同級生《どうきゅうせい》たちと叔父《おじ》の親友《しんゆう》たちに会《あ》いに行《い》くのが目的《もくてき》であったのを知《し》ったのは、かなり後《あと》になってからだ』

靖国神社《やすくにじんじゃ》は日本《にほん》再生《さいせい》のエネルギー

『台湾《たいわん》の声《こえ》』編集長《へんしゅうちょう》で親日派《しんにちは》の台湾人《たいわんじん》、林建良《りんけんりょう》さんも、次《つぎ》のように靖国神社《やすくにじんじゃ》は日本再生《にほんさいせい》のエネルギーであるとまで述《の》べてくれているが、戦前《せんぜん》を知《し》る台湾人《たいわんじん》には靖国参拝《やすくにさんぱい》を讃《たた》える人《ひと》たちが、たくさんいることも事実《じじつ》なのである。

「日本《にほん》の英霊《えいれい》たちが勇敢《ゆうかん》に日本《にほん》を守《まも》っている。それは中国《ちゅうごく》にとって一番恐《いちばんおそ》るべき存在《そんざい》である靖国神社《やすくにじんじゃ》においてである。靖国《やすくに》は日本《にほん》を守《まも》ろうとする意志《いし》の凝縮《ぎょうしゅく》であるから、日本《にほん》に靖国神社《やすくにじんじゃ》が存在《そんざい》しているかぎり、中国《ちゅうごく》は安心《あんしん》できない。

靖国《やすくに》に祀《まつ》られている英霊《えいれい》の存在《そんざい》は、国《くに》を守《まも》るために一戦《いっせん》も辞《じ》さない強《つよ》い意志《いし》を持《も》つ本来《ほんらい》の日本《にほん》の姿《すがた》なのだから、日本人《にほんじん》がその気《き》さえあればいつでも再起《さいき》できる。

戦場《せんじょう》におもむく軍人《ぐんじん》は、死《し》というものに直面《ちょくめん》しており、世俗的《せぞくてき》、物質的《ぶっしつてき》なものはまったく重要《じゅうよう》ではなくなる。このように、すべてがこの後《あと》、無《む》に帰《き》す（何もなくなる）であろう人々《ひとびと》にとって、よりどころになるのは、魂《たましい》が慰《なぐさ》められること以外《いがい》にない。

そして、その彼《かれ》らの魂《たましい》を慰《なぐさ》め、最大《さいだい》の敬意《けいい》と愛情《あいじょう》を注《そそ》ぐ場所《ばしょ》が靖国《やすくに》であるのだ。その靖国《やすくに》に祀《まつ》ってもらえるという安心感《あんしんかん》があったからこそ、日本軍《にほんぐん》は勇敢《ゆうかん》に戦《たたか》えたのだ。

今《いま》でも、世界一《せかいいち》強《つよ》い軍隊《ぐんたい》だったとして、かつての敵《てき》であったアメリカに日本軍《にほんぐん》は尊敬《そんけい》されている。ところが、深《ふか》い愛情表現《あいじょうひょうげん》であるはずの靖国《やすくに》が、今《いま》では論争《ろんそう》の的《まと》になっている。中国《ちゅうごく》がその論争《ろんそう》の火《ひ》をつけ、日本内部《にほんないぶ》の親中反日派勢力《しんちゅうはんにちはせいりょく》（中国にこびを売り、日本を批判する人たちの集まり）を操《あやつ》りながら、日本《にほん》の魂《たましい》を攻撃《こうげき》し続《つづ》けているのだ。

……中国《ちゅうごく》が執拗《しつよう》に（しっこく）靖国《やすくに》を攻撃《こうげき》するのは、英霊《えいれい》の魂《たましい》が宿《やど》る靖国《やすくに》が日本精神《にほんせいしん》を再生《さいせい》させる力《ちから》を秘《ひ》めていることを、彼《かれ》らが直観的《ちょっかんてき》に知《し》っているからであろう。ずばり言《い》えば、日本再建《にほんさいけん》の鍵《かぎ》は靖国《やすくに》にあるのだ。

靖国《やすくに》は国《くに》を守《まも》る気概《きがい》の象徴《しょうちょう》であると同時《どうじ》に、日本民族再生《にほんみんぞくさいせい》のエネルギーの源《みなもと》になるからである。……国民《こくみん》がみな参拝《さんぱい》するようになれば、靖国神社《やすくにじんじゃ》は日本《にほん》を救《すく》う力《ちから》となり、日本《にほん》は再生《さいせい》するだろう」

欧米人《おうべいじん》から見《み》た靖国神社《やすくにじんじゃ》

日本人《にほんじん》の中《なか》には、かつて日本《にほん》は西欧列強《せいおうれっきょう》と戦《たたか》ったのだから、欧米人《おうべいじん》には中国《ちゅうごく》、韓国《かんこく》、北朝鮮《きたちょうせん》のように、靖国参拝《やすくにさんぱい》に反対《はんたい》する人《ひと》がたくさんいると思《おも》う人《ひと》がいるかもしれない。

ところが、日本軍《にほんぐん》と戦《たたか》ったアメリカの元国務副長官《もとこくむふくちょうかん》アーミテージが

「主権国家《しゅけんこっか》である日本《にほん》の総理大臣《そうりだいじん》が、中国《ちゅうごく》に限《かぎ》らず他《た》の国《くに》から靖国神社《やすくにじんじゃ》に参拝《さんぱい》してはいけないと指摘《してき》されるようなことがあれば、逆《ぎゃく》に参拝《さんぱい》すべきだと思《おも》います。なぜなら内政干渉《ないせいかんしょう》（外国が、国内の政治問題に口を出すこと）を許《ゆる》してはいけないからです。もう一《ひと》つは、全《すべ》ての国《くに》が戦死者《せんししゃ》を祀《まつ》りますが、それぞれのやり方《かた》でよいのだと思《おも》います」

と述《の》べているように、欧米人《おうべいじん》には靖国神社《やすくにじんじゃ》を讃《たた》えてくれる人《ひと》たちが意外《いがい》と多《おお》いのである。

例《たと》えば、アメリカのジョージタウン大学《だいがく》で、近代日本文化史《きんだいにほんぶんかし》を教《おし》えているケヴィン・ドー

ク教授《きょうじゅ》も、次《つぎ》のように中国《ちゅうごく》や韓国《かんこく》からどんなに批判《ひはん》されようと、日本人《にほんじん》が靖国神社《やすくにじんじゃ》に参拝《さんぱい》するのは当然《とうぜん》であると言《い》っている。

「生《い》きている者《もの》は、生《せい》と死《し》の問題《もんだい》について、もっと謙虚《けんきょ》になるべきだろう。亡《な》くなった人間《にんげん》の行動《こうどう》に対《たい》して、われわれはどのように批判《ひはん》することもできるけれども、死《し》んだ者《もの》には自分《じぶん》を弁護《べんご》することはできない。

後《あと》から生《う》まれた人《ひと》が、どのような資格《しかく》で先祖《せんぞ》の行為《こうい》を裁《さば》くことができるのか。A級戦犯《きゅうせんぱん》を靖国神社《やすくにじんじゃ》から分祀《ぶんし》しろと言《い》っている中国《ちゅうごく》には、彼《かれ》らを裁《さば》く権利《けんり》があると言《い》わんばかりである。

この中国《ちゅうごく》から批判《ひはん》をかわすために、靖国神社《やすくにじんじゃ》の近《ちか》くにある千鳥ケ淵戦没者墓苑《ちどりがふちせんぼつしゃぼえん》に靖国《やすくに》の機能《きのう》を移《うつ》そうとする意見《いけん》もあるが、宗教的《しゅうきょうてき》な儀式《ぎしき》を取《と》り除《のぞ》いて、ただ機械的《きかいてき》に弔《とむら》うことは、祖国《そこく》の犠牲《ぎせい》となった死者《ししゃ》や遺族《いぞく》に対《たい》する侮辱《ぶじょく》である。

靖国神社《やすくにじんじゃ》で行《おこな》われている追悼行為《ついとうこうい》に対《たい》して、外国《がいこく》が口《くち》を出《だ》すことは内政干渉《ないせいかんしょう》なのだから、絶対《ぜったい》に中国共産党《ちゅうごくきょうさんとう》に妥協《だきょう》してはならない。

中国《ちゅうごく》や韓国《かんこく》は日本《にほん》の首相《しゅしょう》の靖国参拝《やすくにさんぱい》を批判《ひはん》するが、アメリカ大統領《だいとうりょう》が南軍兵士《なんぐんへいし》に献花《けんか》しても、アフリカ系《けい》のアメリカ人《じん》やアフリカの国《くに》が批判《ひはん》したという話《はなし》はない。

中国《ちゅうごく》や韓国《かんこく》が日本《にほん》の侵略《しんりゃく》によって被害《ひがい》を受《う》けたというなら、同《おな》じように被害《ひがい》を受《う》けたはずの東南《とうなん》アジアや台湾《たいわん》から批判《ひはん》が出《で》ないのはなぜだろうか。アジアで靖国参拝《やすくにさんぱい》を批判《ひはん》しているのは、中国《ちゅうごく》と韓国《かんこく》だけなのである」

かつて、日本《にほん》と同盟国《どうめいこく》だったイタリア人《じん》の中《なか》には、次《つぎ》のロマノ・ヴルピッタ教授《きょうじゅ》のように、靖国神社《やすくにじんじゃ》の意義《いぎ》を述《の》べてくれる人《ひと》もいるのである。

「国《くに》のために命《いのち》を捧《ささ》げた人《ひと》たちのみたまを一《ひと》つの神社《じんじゃ》に合祀《ごうし》し、国《くに》の守《まも》り神《がみ》として国民《こくみん》全体《ぜんたい》で守《まも》るという発想《はっそう》は、日本文化《にほんぶんか》の素晴《すば》らしい成果《せいか》であり、その結晶《けっしょう》である」

しかし、戦後《せんご》、「国家《こっか》は靖国神社《やすくにじんじゃ》を見捨《みす》てることにより、その公約《こうやく》を破《やぶ》り、国家《こっか》として道徳上《どうとくじょう》の根底《こんてい》を失《うしな》ってしまったのだ。今《いま》の日本《にほん》では、英霊《えいれい》が本当《ほんとう》の意味《いみ》で大事《だいじ》にされているとは言《い》えない。

英霊《えいれい》の顕彰《けんしょう》とは、彼《かれ》らの犠牲《ぎせい》を悲《かな》しむことだけではない。彼《かれ》らの行為《こうい》を国民《こくみん》の誇《ほこ》りとし、彼《かれ》らの犠牲《ぎせい》を後世《こうせい》に模範《もはん》として伝《つた》えることである。

そうすることによって、英霊《えいれい》の犠牲《ぎせい》は国民全体《こくみんぜんたい》の神聖《しんせい》なる遺産《いさん》となり、国民《こくみん》の道徳感《どうとくかん》も養成《ようせい》されるのである」

一方《いっぽう》、ウェブで神風特攻隊《かみかぜとっこうたい》の神雷部隊《じんらいぶたい》を紹介《しょうかい》しているハンガリー人《じん》のテレビレポーター・コラムニスト、川口《かわぐち》ユディさんも、次《つぎ》のように戦没者《せんぼっしゃ》たちに対《たい》して敬意《けいい》を払《はら》うのは当然《とうぜん》のことだと述《の》べている。

「来日《らいにち》して以来《いらい》、この国《くに》で幸《しあわ》せに暮《く》らせる有難《ありがた》さをひしひしと感《かん》じてきた私《わたし》は、ただ、そう思《おも》っているだけではなく、何《なん》らかの活動《かつどう》を通《つう》じて健気《けなげ》な日本《にほん》のお役《やく》に立《た》ちたいと考《かんが》えるようになりました。

そして、日本人《にほんじん》ばかりでなく海外《かいがい》にも日本《にほん》を知《し》ってもらうための活動《かつどう》に取《と》り組《く》もうと決心《けっしん》したのです。……そうした思《おも》いで真っ先《さき》に取《と》り組《く》んだのが特攻隊員《とっこうたいいん》の記録《きろく》でした。真実《しんじつ》を語《かた》ることのできる当事者《とうじしゃ》が少《すく》なくなっている今《いま》だからこそ、急《いそ》がなければと思《おも》ったのです。

そして、神雷部隊《じんらいぶたい》をご紹介《しょうかい》いただき、元隊員《もとたいいん》の方々《かたがた》のお話《はなし》を伺《うかが》い、戦友《せんゆう》の墓参《ぼさん》（お墓まいりをすること）や戦友会《せんゆうかい》の集《あつ》まりなどの様子《ようす》を撮影《さつえい》できることになりました。……ようやく、できあがった初《はじ》めての作品《さくひん》「ロケット特攻機《とっこうき》、〝桜花《おうか》〟」はウェブ上《じょう》で公開《こうかい》し、その後《ご》、遊就館《ゆうしゅうかん》の大《だい》展示室《てんじしつ》の一角《いっかく》で連続放映《れんぞくほうえい》していただくことにもなりました。

考《かんが》えてみれば、靖国神社《やすくにじんじゃ》に祀《まつ》られている方々《かたがた》は、自分《じぶん》たちが生《う》まれ育《そだ》ったこの国《くに》を守《まも》りたいと純粋《じゅんすい》に思《おも》って亡《な》くなった方々《かたがた》ばかりです。

祖国《そこく》を守《まも》りたいという願《ねが》いも、祖国《そこく》のために命《いのち》を落《お》とされた方々《かたがた》に対《たい》し敬意《けいい》を表《ひょう》することも万国《ばんこく》に共通《きょうつう》するわけですから、諸外国《しょがいこく》の人々《ひとびと》が靖国神社《やすくにじんじゃ》のことを正《ただ》しく知《し》れば、さまざまな誤解《ごかい》も解《と》けるはずなのです。

遊就館《ゆうしゅうかん》は海外《かいがい》からの拝観者《はいかんしゃ》が増《ふ》えていると聞《き》きますから、私《わたし》の作品《さくひん》が諸外国《しょがいこく》の靖国神社《やすくにじんじゃ》理解《りかい》の一助《いちじょ》になればと願《ねが》っています」

二　外国人《がいこくじん》はなぜ靖国神社《やすくにじんじゃ》に参拝《さんぱい》するのか

靖国神社《やすくにじんじゃ》に参拝《さんぱい》する外国人《がいこくじん》たち

これまで、外国人《がいこくじん》の靖国神社《やすくにじんじゃ》に対《たい》する考《かんが》え方《かた》を見《み》てきたが、では、戦後《せんご》靖国神社《やすくにじんじゃ》には、どのくらいの外国人《がいこくじん》が参拝《さんぱい》しに来《き》ているのだろうか。

次《つぎ》に、昭和《しょうわ》二十年《ねん》から平成《へいせい》十一年《ねん》までに靖国神社《やすくにじんじゃ》に参拝《さんぱい》した外国人《がいこくじん》の中《なか》で、代表的《だいひょうてき》な人《ひと》たちを見《み》ていこう。

昭和《しょうわ》二十年《ねん》一月《がつ》に、満州国《まんしゅうこく》の王允卿《おういんきょう》大使《たいし》が参拝《さんぱい》した後《あと》、翌年《よくねん》三月《がつ》にGHQ関係者《かんけいしゃ》のロバート・G・ガードが参拝《さんぱい》した。

昭和《しょうわ》三十一年《ねん》四月《がつ》には、かつて日本軍《にほんぐん》と戦《たたか》った中華民国《ちゅうかみんこく》の張道藩《ちょうどうはん》立法院院長《りっぽういんいんちょう》が参拝《さんぱい》した。

昭和《しょうわ》三十四年《ねん》四月《がつ》には、かつて日露戦争《にちろせんそう》を高《たか》く評価《ひょうか》したトルコのエテム・メンデレス国防《こくぼう》大臣《だいじん》・副首相《ふくしゅしょう》が参拝《さんぱい》し、また翌年《よくねん》三月《がつ》には日本軍《にほんぐん》に協力《きょうりょく》したビルマのウ・ヌー元首相《もとしゅしょう》が参拝《さんぱい》した。

二年後《ねんご》の昭和《しょうわ》三十六（一九六一）年《ねん》十二月《がつ》に、南《みなみ》アメリカのアルゼンチンからフロンデシ大統領《だいとうりょう》夫妻《ふさい》が参拝《さんぱい》し、昭和《しょうわ》三十八（一九六三）年《ねん》六月《がつ》には、日本軍《にほんぐん》に協力《きょうりょく》したタイのプミポン国王《こくおう》夫妻《ふさい》が参拝《さんぱい》した。

昭和《しょうわ》四十（一九六五）年《ねん》一月《がつ》には、かつて敵国《てきこく》だったフランス海軍練習艦隊《かいぐんれんしゅうかんたい》の乗組員《のりくみいん》一行《いっこう》が参拝《さんぱい》した。同年《どうねん》三月《がつ》には、かつて日本《にほん》と同盟国《どうめいこく》だった西《にし》ドイツのハーバード・デンマン大使《たいし》と練習艦隊士官候補生《れんしゅうかんたいしかんこうほせい》一行《いっこう》が参拝《さんぱい》した。また同年《どうねん》九月《がつ》には、かつて日本軍《にほんぐん》に協力《きょうりょく》したベトナムのクエンドウイ・クワン大使《たいし》が参拝《さんぱい》した。

翌年《よくねん》二月《がつ》には、南《みなみ》アメリカのペルーからホセカルロス・フェイレイドス大使《たいし》が参拝《さんぱい》し、昭和《しょうわ》四十四年《ねん》四月《がつ》には、アメリカ海軍司令官《かいぐんしれいかん》スミス少将《しょうしょう》以下《いか》二十五人《にん》が参拝《さんぱい》している。また昭和《しょうわ》四十七年《ねん》八月《がつ》には、かつて日本軍《にほんぐん》と戦《たたか》ったオーストラリアのアルフ・サイモン第《だい》三十九大隊隊員一行《だいたいたいいんいっこう》が参拝《さんぱい》している。

翌年《よくねん》九月《がつ》に、初《はじ》めて南太平洋《みなみたいへいよう》のトンガ王国《おうこく》からツポトア皇太子《こうたいし》一行《いっこう》が参拝《さんぱい》している。

昭和《しょうわ》五十四（一九七九）年《ねん》十月《がつ》二十八日《にち》に、インドのカルカッタ市《し》からチャンドラボース・リサーチ・インスティテュート館長《かんちょう》のシシール・クマール・ボース夫妻《ふさい》が参拝《さんぱい》した。

昭和《しょうわ》五十五年《ねん》十一月一日《がっついたち》に、チベットのダライ・ラマ十四世《せい》が参拝《さんぱい》した。

昭和《しょうわ》五十六（一九八一）年《ねん》六月《がつ》二十二日に、インドネシアのアラムシャ・ラトウ・プラウィネガ宗教大臣《しゅうきょうだいじん》が参拝《さんぱい》し、翌年《よくねん》十一月《がつ》二十五日《にち》に、エジプトから全世界《ぜんせかい》イスラム審議会《しんぎかい》事務総長《じむそうちょう》のモハメッド・トウフィック・オーエイダ博士《はくし》が参拝《さんぱい》した。

昭和《しょうわ》六十年《ねん》六月十日《がっとおか》にも、同《おな》じエジプトのモハメッド・サミー・サーベット公使《こうし》が参拝《さんぱい》した。

昭和《しょうわ》六十三（一九八八）年《ねん》八月《がつ》十三日《にち》に、パキスタンのブリカディー・ムハマド・ネイブ・テナ大使館付武官《たいしかんづきぶかん》が参拝《さんぱい》し、平成元《へいせいがん》（一九八九）年《ねん》六月《がつ》二十日《はつか》に、アメリカ海軍《かいぐん》横須賀基地司令官《よこすかきちしれいかん》のスティーブン・H・ハウエル大佐《だいさ》が参拝《さんぱい》した。

平成《へいせい》二（一九九〇）年《ねん》一月《がつ》十五日《にち》に、ロシアのエリツィン大統領《だいとうりょう》が社頭参拝《しゃとうさんぱい》を行《おこな》った。

また平成《へいせい》四年《ねん》三月一日《がっついたち》に、スリランカのC・マヘンドラ大使《たいし》が参拝《さんぱい》し、七月十日《がっとおか》に、フィンランドのカリ・ベリホルム大使《たいし》が参拝《さんぱい》した。

平成《へいせい》六（一九九四）年《ねん》六月《がつ》十五日《にち》に、イギリスのＭ・スミス大使館付武官《たいしかんづきぶかん》が参拝《さんぱい》し、翌年《よくねん》六月七日《がつなのか》に、元《もと》アメリカ軍《ぐん》パイロットのジェイムズ・ケイン氏《し》が参拝《さんぱい》した。また八月《がつ》二日《ふつか》には、ミャンマーの文化大臣《ぶんかだいじん》ウ・アエ氏《し》が参拝《さんぱい》した。

平成《へいせい》八年《ねん》八月《がつ》十三日《にち》に、イランのＭ・シャケリ一等書記官《いっとうしょきかん》とドイツ大使館付武官《たいしかんづきぶかん》ロベルト・ウェルナー陸軍大佐《りくぐんたいさ》が参拝《さんぱい》した。また八月二十日《がつはつか》には、スロベニアのダニーロ・チュルク国連大使《こくれんたいし》が参拝《さんぱい》し、十一月一日《がつついたち》に旧朝鮮王朝《きゅうちょうせんおうちょう》の李玖王子《りくおうじ》が参拝《さんぱい》した。

平成《へいせい》九年《ねん》四月五日《がついつか》に、トルコ、ルーマニア、インド、マレーシア、イスラエル、ロシア、タイ、スイス、アメリカの各国駐在武官《かっこくちゅうざいぶかん》が参拝《さんぱい》した。

翌年《よくねん》四月四日《がつよっか》には、ルーマニア、イスラエル、インド、ブラジル、ポーランド、ロシア、スイス、トルコの各国駐在武官《かっこくちゅうざいぶかん》が参拝《さんぱい》した。

また平成《へいせい》十一年《ねん》四月三日《がつみっか》には、インド、ルーマニア、ロシア、タイ、トルコ、イラン、ブラジル、マレーシアの各国駐在武官《かっこくちゅうざいぶかん》が参拝《さんぱい》した。

以上《いじょう》が、昭和《しょうわ》二十年《ねん》から平成《へいせい》十一年《ねん》までに靖国神社《やすくにじんじゃ》に参拝《さんぱい》した代表的《だいひょうてき》な外国人《がいこくじん》の記録《きろく》であるが、ここで紹介《しょうかい》したのは、ほんの一部《いちぶ》に過《す》ぎない。

資料《しりょう》によれば、昭和《しょうわ》二十（一九四五）年《ねん》から昭和《しょうわ》四十五（一九七〇）年《ねん》までに、外国人《がいこくじん》による靖国神社《やすくにじんじゃ》の参拝数《さんぱいすう》は、一一九件《けん》であった。A級戦犯《きゅうせんぱん》が靖国神社《やすくにじんじゃ》に合祀《ごうし》された昭和《しょうわ》五十三年《ねん》の翌年《よくねん》から平成《へいせい》十五年《ねん》五月《がつ》十八日《にち》までを見《み》ると、全部《ぜんぶ》で一九三件《けん》の参拝《さんぱい》があった。

ただ、ここで注意《ちゅうい》しなければならないのは、靖国神社《やすくにじんじゃ》に参拝《さんぱい》する外国人《がいこくじん》はアジア諸国《しょこく》の人《ひと》たちだけではなく、かつて日本軍《にほんぐん》と戦《たたか》った連合国《れんごうこく》の人《ひと》たちにも多《おお》いことである。

では、外国人《がいこくじん》たちは、なぜ靖国神社《やすくにじんじゃ》に参拝《さんぱい》するのだろうか。

次《つぎ》に、平成《へいせい》十二年《ねん》から平成《へいせい》二十三年《ねん》までに靖国神社《やすくにじんじゃ》に参拝《さんぱい》した代表的《だいひょうてき》な外国人《がいこくじん》を取《と》り上《あ》げて、その理由《りゆう》を見《み》ていこう。

外国人《がいこくじん》はなぜ靖国神社《やすくにじんじゃ》に参拝《さんぱい》するのか

①台湾《たいわん》の高砂族元義勇兵《たかさごぞくもとぎゆうへい》の遺族《いぞく》の参拝《さんぱい》

平成《へいせい》十二年《ねん》四月五日《がついつか》に、台湾《たいわん》の高砂族元義勇兵《たかさごぞくもとぎゆうへい》の遺族《いぞく》が靖国神社《やすくにじんじゃ》に参拝《さんぱい》した。

台湾《たいわん》の高砂族《たかさごぞく》は、大東亜戦争《だいとうあせんそう》のときに日本軍《にほんぐん》の義勇兵募集《ぎゆうへいぼしゅう》に志願《しがん》して、フィリピンやニューギニア方面《ほうめん》の作戦《さくせん》に参加《さんか》し、輝《かがや》かしい武勲《ぶくん》（戦争で立てた手柄）を収《おさ》めて活躍《かつやく》したことで知《し》られている。

一行《いっこう》は、義勇兵《ぎゆうへい》が祀《まつ》られている御本殿《ごほんでん》に昇殿参拝《しょうでんさんぱい》した後《あと》に、遊就館《ゆうしゅうかん》にある台湾関係《たいわんかんけい》の御《ご》祭神展示《さいじんてんじ》コーナーなどを見《み》て靖国神社《やすくにじんじゃ》を後《あと》にした。

②インド沿岸警備隊長官《えんがんけいびたいちょうかん》の参拝《さんぱい》

同年《どうねん》四月《がつ》二十六日《にち》に、インド沿岸警備隊長官《えんがんけいびたいちょうかん》のジョン・コリンズ・デシルヴァ海軍中将《かいぐんちゅうじょう》以下《いか》四人《にん》が靖国神社《やすくにじんじゃ》に参拝《さんぱい》した。

デシルヴァ中将《ちゅうじょう》は、最近《さいきん》アジアの海域《かいいき》でよく起《お》こっている海賊船《かいぞくせん》に対《たい》する対策《たいさく》を検討《けんとう》する国際会議《こくさいかいぎ》に参加《さんか》するために来日《らいにち》したが、今回《こんかい》の靖国参拝《やすくにさんぱい》は中将《ちゅうじょう》の強《つよ》い希望《きぼう》で参拝《さんぱい》を実現《じつげん》した。

中将一行《ちゅうじょういっこう》は、遊就館《ゆうしゅうかん》を拝観《はいかん》した後《あと》、御本殿《ごほんでん》に昇殿《しょうでん》して参拝《さんぱい》し、英霊《えいれい》に敬虔《けいけん》な祈《いの》りを捧《ささ》げて靖国神社《やすくにじんじゃ》を後《あと》にした。

③ロシア国境警備庁係官《こっきょうけいびちょうかかりかん》三十人《にん》の参拝《さんぱい》

同年《どうねん》四月《がつ》二十八日《にち》に、ロシア国境警備庁係官《こっきょうけいびちょうかかりかん》三十人《にん》が靖国神社《やすくにじんじゃ》に参拝《さんぱい》した。

係官一行《かかりかんいっこう》は二十九日《にち》と三十日《にち》に、東京湾《とうきょうわん》の羽田沖《はねだおき》で開《ひら》かれる海上保安庁観閲式《かいじょうほあんちょうかんえつしき》に参加《さんか》するために来日《らいにち》したが、それに先立《さきだ》ち、日本《にほん》の戦没者《せんぼつしゃ》を祀《まつ》る靖国神社《やすくにじんじゃ》を訪問《ほうもん》したいという希望《きぼう》で参拝《さんぱい》した。

当日《とうじつ》、係官一行《かかりかんいっこう》は、社頭《しゃとう》で英霊《えいれい》に敬虔《けいけん》な祈《いの》りを捧《ささ》げてから、遊就館《ゆうしゅうかん》を拝観《はいかん》して靖国神社《やすくにじんじゃ》を後《あと》にした。

④カナダの退役軍人《たいえきぐんじん》の参拝《さんぱい》

同年《どうねん》八月《がつ》二十八日《にち》に、カナダの退役軍人《たいえきぐんじん》サザランド・ブラウン、ウィリアム・ロッドニー両氏《りょうし》が靖国神社《やすくにじんじゃ》に参拝《さんぱい》した。

二人《ふたり》は、大東亜戦争《だいとうあせんそう》のときに、戦闘機《せんとうき》・爆撃機《ばくげきき》のパイロットとして、イギリス軍《ぐん》に派遣《はけん》され、それぞれビルマ戦線《せんせん》に参加《さんか》した。

今回《こんかい》、日本《にほん》の戦没者《せんぼつしゃ》を追悼《ついとう》する靖国神社《やすくにじんじゃ》にぜひ参拝《さんぱい》したいという強《つよ》い希望《きぼう》で実現《じつげん》した。二人《ふたり》は、参拝《さんぱい》に先立《さきだ》って「半世紀前《はんせいきまえ》、私《わたくし》たちは不幸《ふこう》にして戦火《せんか》を交《まじ》えました。開戦当時《かいせんとうじ》日本《にほん》の航空機《こうくうき》の性能《せいのう》やパイロットの操縦技術《そうじゅうぎじゅつ》は大変優《たいへんすぐ》れていました。往時《おうじ》を偲《しの》ぶと共《とも》に、勇戦奮闘《ゆうせんふんとう》された貴国《きこく》の戦士《せんし》たちに心《こころ》から敬意《けいい》を表《ひょう》したいと思《おも》います」と述《の》べた。二人《ふたり》は、神道《しんとう》の方式《ほうしき》で昇殿参拝《しょうでんさんぱい》を行《おこな》った後《あと》、英霊《えいれい》に敬虔《けいけん》な祈《いの》りを捧《ささ》げて靖国神社《やすくにじんじゃ》を後《あと》にした。

⑤アメリカ・ノース・ベイ・マリンスクール一行《いっこう》の参拝《さんぱい》

平成《へいせい》十三年《ねん》四月《がつ》二十一日《にち》に、アメリカのカリフォルニア州《しゅう》サンフランシスコ市《し》にあるノース・ベイ・マリンスクールで、アメリカの歴史《れきし》や国際政治《こくさいせいじ》・外交《がいこう》を教《おし》えているブラワー・クリス先生以下《せんせいいか》十二人《にん》の生徒《せいと》と、その家族《かぞく》らが靖国神社《やすくにじんじゃ》に参拝《さんぱい》した。

一行《いっこう》は、春休《はるやす》みを利用《りよう》して、日本《にほん》の文化《ぶんか》や伝統《でんとう》、日本語《にほんご》を学《まな》ぶために十一日間《にちかん》、日本《にほん》に滞在《たいざい》して、神社仏閣《じんじゃぶっかく》や博物館《はくぶつかん》を訪問《ほうもん》した。

その中《なか》で靖国神社《やすくにじんじゃ》の参拝《さんぱい》は、戦争《せんそう》の歴史《れきし》を研究《けんきゅう》している生徒《せいと》がいることや、日本《にほん》が好《す》きなブラワー先生《せんせい》の希望《きぼう》によって実現《じつげん》した。

当日《とうじつ》、一行《いっこう》は、到着殿《とうちゃくでん》広間《ひろま》で湯澤宮司《ゆざわぐうじ》からアメリカと日本《にほん》の宗教《しゅうきょう》に対《たい》する考《かんが》え方《かた》の違《ちが》いや靖国神社《やすくにじんじゃ》について簡単《かんたん》な説明《せつめい》を受《う》け、御本殿《ごほんでん》に昇殿《しょうでん》して神道方式《しんとうほうしき》で参拝《さんぱい》した。

その後《ご》、一行《いっこう》は遊就館《ゆうしゅうかん》を拝観《はいかん》し、境内能楽《けいだいのうがく》で日本《にほん》の伝統芸能《でんとうげいのう》を見《み》てから靖国神社《やすくにじんじゃ》を後《あと》にした。

⑥アゼルバイジャン共和国《きょうわこく》元首相《もとしゅしょう》の参拝《さんぱい》

同年《どうねん》十月《がつ》三十日《にち》に、アゼルバイジャン共和国《きょうわこく》の元首相《もとしゅしょう》、人民戦線党最高評議会議長《じんみんせんせんとうさいこうひょうぎかいぎちょう》のアリ・マシホフ氏《し》が靖国神社《やすくにじんじゃ》に参拝《さんぱい》した。アリ元首相《もとしゅしょう》以下《いか》六人《にん》は、日本《にほん》の伝統的文化《でんとうてきぶんか》や習慣《しゅうかん》を勉強《べんきょう》するのが目的《もくてき》で来日《らいにち》したが、アリ元首相《もとしゅしょう》の強《つよ》い希望《きぼう》で、靖国神社《やすくにじんじゃ》の参拝《さんぱい》が実現《じつげん》した。

アリ元首相《もとしゅしょう》は、御本殿《ごほんでん》に昇殿参拝《しょうでんさんぱい》し、英霊《えいれい》に敬虔《けいけん》な祈《いの》りを捧《ささ》げた後《あと》、「このように神聖《しんせい》で素晴《すば》らしい施設《しせつ》にお参《まい》りできて本当《ほんとう》によかった。また、ぜひ訪《おとず》れたい」と感想《かんそう》を述《の》べた。最後《さいご》に、一行《いっこう》は、遊就館特別展《ゆうしゅうかんとくべつてん》『かく戦《たたか》えり。近代日本《きんだいにっぽん》』を見《み》て、靖国神社《やすくにじんじゃ》を後《あと》にした。

⑦インドネシア元経済調整大臣《もとけいざいちょうせいだいじん》の参拝《さんぱい》

平成《へいせい》十四年《ねん》一月《がつ》三十一日《にち》に、インドネシアの元経済調整大臣《もとけいざいちょうせいだいじん》リザール・ラムリー博士《はくし》以下《いか》十二人《にん》が靖国神社《やすくにじんじゃ》に参拝《さんぱい》した。

ラムリー博士《はくし》は一月《がつ》二十九日《にち》に、中国《ちゅうごく》アセアン貿易協定《ぼうえききょうてい》について意見《いけん》を交換《こうかん》するために来日《らいにち》した。ラムリー博士《はくし》は、インドネシアのスカルノ大統領《だいとうりょう》やビルマのタキン・バイセン副首相《ふくしゅしょう》らが靖国神社《やすくにじんじゃ》に参拝《さんぱい》していることから、強《つよ》い希望《きぼう》によって参拝《さんぱい》を実現《じつげん》した。

一行《いっこう》は、御本殿《ごほんでん》に昇殿参拝《しょうでんさんぱい》した後《あと》、「日本《にほん》とインドネシアは歴史的《れきしてき》に友好《ゆうこう》な関係《かんけい》にあります。厳《きび》しい時代《じだい》に日本《にほん》はインドネシアのために多大《ただい》な貢献《こうけん》をしてくれました。現在日本《げんざいにほん》は、非常《ひじょう》に難《むずか》しい時期《じき》を迎《むか》えていますが、これからよい状態《じょうたい》になることを願《ねが》っています」と述《の》べた。

その後《ご》、一行《いっこう》は、遊就館特別展《ゆうしゅうかんとくべつてん》『かく戦《たたか》えり。近代日本《きんだいにっぽん》』を見《み》たが、中《なか》でも大東亜戦争《だいとうあせんそう》のときに、オランダ領《りょう》インドネシアのセレベス島《とう》メナドを占領《せんりょう》した日本軍初《にほんぐんはつ》の落下傘部隊《らっかさんぶたい》を指揮《しき》した堀内豊秋《ほりうちとよあき》海軍大佐《かいぐんだいさ》の展示《てんじ》に感動《かんどう》していた。

⑧外国武官《がいこくぶかん》の参拝《さんぱい》

同年《どうねん》三月《がつ》三十日《にち》に、ドイツ、インド、メキシコ、ポーランド、モロッコの各国大使夫人《かっこくたいしふじん》と駐在武官《ちゅうざいぶかん》の他《ほか》、韓国大使館付武官《かんこくたいしかんづきぶかん》の柳《リュウ》海軍大佐《かいぐんだいさ》と徐《ジョ》陸軍大佐《りくぐんたいさ》が靖国神社《やすくにじんじゃ》に参拝《さんぱい》した。

当日《とうじつ》、一行《いっこう》は、昇殿参拝《しょうでんさんぱい》に続《つづ》いて神池庭園前《しんちていえんまえ》にて記念撮影《きねんさつえい》を終《お》えた後《あと》、観桜《かんおう》の宴《うたげ》を行《おこな》った。

終宴《しゅうえん》にあたり、ドイツのライムンド・ヴァルナー海軍大佐《かいぐんだいさ》が代表《だいひょう》して「毎年靖国神社《まいとしやすくにじんじゃ》にこの桜《さくら》の時期《じき》に招待《しょうたい》いただきますことを大変《たいへん》うれしく思《おも》います。来年《らいねん》も楽《たの》しみにしております」と上手《じょうず》な日本語《にほんご》で感謝《かんしゃ》の言葉《ことば》を述《の》べた。

⑨横田在日《よこたざいにち》アメリカ軍空軍基地将校会《ぐんくうぐんきちしょうこうかい》の参拝《さんぱい》

同年《どうねん》五月《がつ》三十一日《にち》に、在日《ざいにち》アメリカ軍横田空軍基地将校会《ぐんよこたくうぐんきちしょうこうかい》のテイト・ロニー空軍少佐《くうぐんしょうさ》以下《いか》十二人《にん》が御本殿前庭《ごほんでんまえにわ》で参拝《さんぱい》した。

この将校会《しょうこうかい》は、在日《ざいにち》アメリカ空軍《くうぐん》の大尉《たいい》・中尉《ちゅうい》を中心《ちゅうしん》とする幹部将校《かんぶしょうこう》からなっており、「今回《こんかい》、過去《かこ》に日米《にちべい》の間《あいだ》で戦争《せんそう》があったものの、国《くに》を愛《あい》するものとして純粋《じゅんすい》な気持《きも》ちで日本《にほん》の戦没者《せんぼつしゃ》に敬意《けいい》を表《ひょう》したい」という気持《きも》ちで靖国神社《やすくにじんじゃ》に参拝《さんぱい》した。ロニー少佐一行《しょうさいいっこう》は、花輪《はなわ》を献花《けんか》した後《あと》、全員《ぜんいん》で敬礼《けいれい》、黙祷《もくとう》し、英霊《えいれい》に対《たい》し敬虔《けいけん》な祈《いの》りを捧《ささ》げた。戦後《せんご》の外国要人武官《がいこくようじんぶかん》の昇殿参拝《しょうでんさんぱい》は、三五〇余件《よけん》となっている。

⑩インド駐日大使《ちゅうにちたいし》の参拝《さんぱい》

同年《どうねん》十月《がつ》二十三日《にち》に、インドのアフタープ・セット駐日大使《ちゅうにちたいし》以下《いか》三人《にん》が靖国神社《やすくにじんじゃ》に参拝《さんぱい》した。アフタープ・セット大使《たいし》は昭和《しょうわ》三十七（一九六二）年《ねん》に来日《らいにち》し、一年間《ねんかん》、慶応義塾《けいおうぎじゅく》大学《だいがく》で日本語《にほんご》を学《まな》んだ経験《けいけん》があり、今回《こんかい》は大使《たいし》の強《つよ》い希望《きぼう》により参拝《さんぱい》を実現《じつげん》した。

大使一行《たいしいっこう》は、御本殿《ごほんでん》に昇殿《しょうでん》し、神道《しんとう》の方式《ほうしき》で参拝《さんぱい》し、英霊《えいれい》に敬虔《けいけん》な祈《いの》りを捧《ささ》げた。

その後《ご》、大使一行《たいしいっこう》は遊就館《ゆうしゅうかん》を拝観《はいかん》し、終戦《しゅうせん》のときに自決《じけつ》した陸軍大臣阿南惟幾大将《りくぐんだいじんあなみこれちかたいしょう》の遺書《いしょ》、パール判事《はんじ》や戦後独立《せんごどくりつ》したアジアの国々《くにぐに》についての展示《てんじ》などを見《み》て靖国神社《やすくにじんじゃ》を後《あと》にした。

⑪南《みなみ》アフリカ共和国元広報庁次官《きょうわこくもとこうほうちょうじかん》の参拝《さんぱい》

平成《へいせい》十五年《ねん》二月五日《がついつか》に、南《みなみ》アフリカ共和国《きょうわこく》の元広報庁次官《もとこうほうちょうじかん》アッパ・オマール氏《し》が参拝《さんぱい》した。初《はじ》めて日本《にほん》を訪《おとず》れたオマール氏《し》は、日本《にほん》の文化《ぶんか》、明治維新《めいじいしん》および宗教《しゅうきょう》に大変《たいへん》に興味《きょうみ》を持《も》って研究《けんきゅう》している親日家《しんにちか》である。

オマール氏《し》は御本殿《ごほんでん》に進《すす》んで、玉串《たまぐし》を捧《ささ》げ、敬虔《けいけん》な参拝《さんぱい》を行《おこな》った後《あと》、遊就館《ゆうしゅうかん》を拝観《はいかん》し、日本《にほん》の歴史《れきし》と伝統《でんとう》に深《ふか》く感動《かんどう》して靖国神社《やすくにじんじゃ》を後《あと》にした。

⑫駐日《ちゅうにち》タイ王国大使《おうこくたいし》の参拝《さんぱい》

平成《へいせい》二十三年《ねん》十月三日《がつみっか》に、駐日《ちゅうにち》タイ王国大使《おうこくたいし》のウィーラサック・フートラクーン氏《し》以下《いか》十人《にん》が参拝《さんぱい》した。

一行《いっこう》は、十月八日《がつようか》と九日《ここのか》に「第《だい》十二回《かい》タイフェスティバル二〇一一」が開《ひら》かれるため、その報告《ほうこく》のために参拝《さんぱい》した。

タイ王国大使館《おうこくたいしかん》では、文化交流《ぶんかこうりゅう》を目的《もくてき》に都内《とない》を始《はじ》めとして全国《ぜんこく》の主《おも》な都市《とし》で、この催《もよお》しを開《ひら》いており、その年《とし》は靖国神社外苑《やすくにじんじゃがいえん》で行《おこな》われた。

以上《いじょう》、平成《へいせい》十二年《ねん》から平成《へいせい》二十三年《ねん》までに靖国神社《やすくにじんじゃ》を参拝《さんぱい》した外国人《がいこくじん》を見《み》てきたが、この中《なか》には、中国《ちゅうごく》や北朝鮮《きたちょうせん》の名前《なまえ》が見当《みあ》たらないことが分《わ》かるだろう。

靖国神社《やすくにじんじゃ》に参拝《さんぱい》した外国人《がいこくじん》たちに共通《きょうつう》して言《い》えるのは、日本《にほん》の文化《ぶんか》、明治維新《めいじいしん》、宗教《しゅうきょう》などに対《たい》して関心《かんしん》を持《も》っていることや、国家《こっか》のために命《いのち》を捧《ささ》げた戦没者《せんぼつしゃ》に対《たい》して敬意《けいい》を表《ひょう》したいという純粋《じゅんすい》な気持《きも》ちがあることだろう。

三　外国人《がいこくじん》はなぜ靖国神社《やすくにじんじゃ》を尊敬《そんけい》するのか

外国人《がいこくじん》から尊敬《そんけい》される靖国神社《やすくにじんじゃ》

ところで、外国人《がいこくじん》の参拝者《さんぱいしゃ》を見《み》ると、アジア、アフリカ、中東《ちゅうとう》、南《みなみ》アメリカ、太平洋《たいへいよう》地域《ちいき》にある有色人種《ゆうしょくじんしゅ》の国家《こっか》からやって来《き》た指導者《しどうしゃ》や軍人《ぐんじん》が多《おお》いことが分《わ》かる。

例《たと》えば、中華民国《ちゅうかみんこく》の張道藩《ちょうどうはん》立法院《りっぽういん》院長《いんちょう》、トルコのエテム・メンデレス国防大臣《こくぼうだいじん》・副《ふく》首相《しゅしょう》、ビルマのウ・ヌー元首相《もとしゅしょう》、タイのプミポン国王夫妻《こくおうふさい》、トンガのツポトア皇太子《こうたいし》、チベットのダライ・ラマ十四世《せい》、インドネシアのアラムシャ・ラトウ・プラウィネガ宗教《しゅうきょう》大臣《だいじん》、インドの国民軍陸軍大佐《こくみんぐんりくぐんたいさ》、パラオのカツミ・イナオ自由党党首《じゆうとうとうしゅ》、パキスタンの大使館付武官《たいしかんづきぶかん》プリカディー・ムハマド・ネイブテナ陸軍准将《りくぐんじゅんしょう》、チリのルネ・アベリウク通産大臣《つうさんだいじん》、タイの空軍司令官補佐《くうぐんしれいかんほさ》サマート・ソサテイット空軍大将《くうぐんたいしょう》、チベットのテイジン・

テトン元主席大臣《もとしゅせきだいじん》（首相《しゅしょう》）、ミャンマーのウ・アエ文化大臣《ぶんかだいじん》、トルコの大使館付武官《たいしかんづきぶかん》ネディム・アンバル海軍大佐《かいぐんだいさ》、旧朝鮮王朝《きゅうちょうせんおうちょう》の李玖王子《りくおうじ》、インドの大使館付武官《たいしかんづきぶかん》カトチ陸軍大佐《りくぐんたいさ》、マレーシアの大使館付武官《たいしかんづきぶかん》ハミド海軍大佐《かいぐんだいさ》、タイの大使館付武官《たいしかんづきぶかん》シーラカムクライ、プーン・サック海軍中将《かいぐんちゅうじょう》、ポンプン陸軍大佐《りくぐんたいさ》、インドの大使館付武官《たいしかんづきぶかん》ヴァドカオンカール海軍《かいぐん》大佐《だいさ》、ブラジルの大使館付武官《たいしかんづきぶかん》キーゼル海軍大佐《かいぐんだいさ》、トルコの大使館付武官《たいしかんづきぶかん》セミシ・イエシブルサ海軍大佐《かいぐんだいさ》、インドの大使館付武官《たいしかんづきぶかん》フェヘライ海軍大佐《かいぐんだいさ》、タイの大使館付武官《たいしかんづきぶかん》マイトリー空軍大佐《くうぐんたいさ》およびスリヤン陸軍大佐《りくぐんたいさ》、トルコの大使館付武官《たいしかんづきぶかん》セシミ・イエシブルサ海軍《かいぐん》大臣《だいじん》、イランの大使館付武官《たいしかんづきぶかん》サファリ海軍少将《かいぐんしょうしょう》、ブラジルの大使館付武官《たいしかんづきぶかん》フェヘライ海軍《かいぐん》大佐《だいさ》、マレーシアの大使館付武官《たいしかんづきぶかん》ハミド海軍大佐《かいぐんだいさ》、ミャンマーの大使館付武官《たいしかんづきぶかん》キンモンウィン陸軍大佐《りくぐんたいさ》、インドのビスワン空軍大尉《くうぐんたいい》および大使館付武官《たいしかんづきぶかん》ヴァトガォガール海軍大佐《かいぐんだいさ》、メキシコの大使館付武官《たいしかんづきぶかん》セルジジオ・ララ・モンテジャーノ海軍少将《かいぐんしょうしょう》、トルコの大使館付《たいしかんづき》武官《ぶかん》クタイ・ゲンチ陸軍大佐《りくぐんたいさ》、インドの大使館付武官《たいしかんづきぶかん》ヴァトガオンカール海軍大佐《かいぐんだいさ》、アゼルバイジャンのアリ・マシホフ元首相《もとしゅしょう》・人民戦線党最高評議会議長《じんみんせんせんとうさいこうひょうぎかいぎちょう》、インドネシアのリザール・ラムリー博士《はくし》および経済顧問《けいざいこもん》アリフ・アリマン博士《はくし》、インドの大使館付武官《たいしかんづきぶかん》ＳＰラジグルグループ大佐《たいさ》、メキシコ大使館付武官《たいしかんづきぶかん》のルイス・ガルシア海軍少将《かいぐんしょうしょう》、大韓民国《だいかんみんこく》の柳《リュウ》海軍大佐《かいぐんだいさ》および徐《ジョ》陸軍大佐《りくぐんたいさ》、ペルーのアルベルト・フジモリ元大統領《もとだいとうりょう》、トルコの大使館付《たいしかんづき》武官《ぶかん》ドーガン・デニッツメン海軍大佐《かいぐんだいさ》である。

その他《ほか》に、フィンランドのカリ・ベリホルム駐日大使《ちゅうにちたいし》やポーランドの大使館付武官《たいしかんづきぶかん》ヴワデイスクフ・スタルシカ陸軍大佐《りくぐんたいさ》、トーマス・キメク陸軍大佐《りくぐんたいさ》およびトーマス・クリーネル大佐《たいさ》がいる。

靖国神社《やすくにじんじゃ》を参拝《さんぱい》するアジア、アフリカ、中東《ちゅうとう》、南《みなみ》アメリカ、太平洋地域《たいへいようちいき》の指導者《しどうしゃ》や軍人《ぐんじん》の他《ほか》に、フィンランドやポーランドの大使《たいし》や軍人《ぐんじん》が参拝《さんぱい》しているのは、日露戦争《にちろせんそう》に強《つよ》い影響《えいきょう》を受《う》けた国《くに》の人《ひと》だからである。

彼《かれ》らが靖国神社《やすくにじんじゃ》に参拝《さんぱい》するのは、「国《くに》のために命《いのち》を捧《ささ》げた人《ひと》たちのみたまを一《ひと》つの神社《じんじゃ》に合祀《ごうし》し、国《くに》の守《まも》り神《がみ》として国民全体《こくみんぜんたい》で守《まも》る」という靖国神社《やすくにじんじゃ》に敬意《けいい》を払《はら》っているからである。

そして、日本人《にほんじん》が挙国一致《きょこくいっち》して、日清戦争《にっしんせんそう》・日露戦争《にちろせんそう》・大東亜戦争《だいとうあせんそう》を戦《たたか》えたのは、靖国《やすくに》神社《じんじゃ》が国家《こっか》や皇室《こうしつ》・皇族《こうぞく》を守《まも》るために命《いのち》を捧《ささ》げる上《うえ》で、大《おお》きな精神的《せいしんてき》な支《ささ》えとなっていることを知《し》っているからである。

コラム④

日本人《にほんじん》の精神文化《せいしんぶんか》の根本《こんぽん》を神道《しんとう》に見《み》た外国人《がいこくじん》

日本人《にほんじん》が挙国一致《きょこくいっち》して、日清戦争《にっしんせんそう》・日露戦争《にちろせんそう》・大東亜戦争《だいとうあせんそう》を戦《たたか》えたのは、靖国神社《やすくにじんじゃ》という精神的《せいしんてき》な支《ささ》えがあったからであるが、この靖国神社《やすくにじんじゃ》は、日本古来《にほんこらい》の神道《しんとう》とよばれる宗教《しゅうきょう》が基本《きほん》になっているのである。

神道《しんとう》という宗教《しゅうきょう》は、普段《ふだん》、日本人《にほんじん》の心《こころ》の中《なか》に浸透《しんとう》し過《す》ぎていて、あまり日常生活《にちじょうせいかつ》で意識《いしき》されることはないが、神道《しんとう》が日本人《にほんじん》の血《ち》の中《なか》に流《なが》れ、精神《せいしん》の奥底《おくそこ》にまで生《い》きているという意味《いみ》では、仏教《ぶっきょう》やキリスト教《きょう》とは比《くら》べものにならないのである。

日本《にほん》は明治以降《めいじいこう》、欧米諸国《おうべいしょこく》の科学技術《かがくぎじゅつ》を吸収《きゅうしゅう》して、これを日本《にほん》に合《あ》ったものに作《つく》りかえて、先端技術《せんたんぎじゅつ》では、世界《せかい》でトップを行《い》く経済大国《けいざいたいこく》になった。

このため、欧米諸国《おうべいしょこく》では、今日《こんにち》の日本《にほん》の経済発展《けいざいはってん》の背景《はいけい》には、豊《ゆた》かな生産《せいさん》と繁栄《はんえい》を祈《いの》る神道的《しんとうてき》な宗教観《しゅうきょうかん》が働《はたら》いていると考《かんが》えられているのである。

例《たと》えば、マッカーサー元帥《げんすい》が回想録《かいそうろく》で「日本人《にほんじん》は、労働《ろうどう》の尊厳《そんげん》とでもいおうか、つまり人間《にんげん》は怠《なま》けて悪《わる》だくみをしている時《とき》よりも働《はたら》いて建設《けんせつ》している時《とき》の方《ほう》が幸福《こうふく》だということを発見《はっけん》し、実践《じっせん》してきた」と述《の》べているように、欧米諸国《おうべいしょこく》のキリスト教《きょう》では、働《はたら》くことを苦役《くえき》（苦労《くろう》して働《はたら》くこと）と考《かんが》えていることに対《たい》して、日本人《にほんじん》には働《はたら》くことを喜《よろこ》びと感《かん》じ、善《ぜん》とする価値観《かちかん》があるのである。

なぜなら日本人《にほんじん》の勤労観《きんろうかん》には、稲作《いなさく》は神《かみ》と人間《にんげん》が一緒《いっしょ》に働《はたら》いて、豊作《ほうさく》を喜《よろこ》ぶという「神人共働《しんじんきょうどう》」の神道的意識《しんとうてきいしき》があるからである。

明治以降《めいじいこう》、日本《にほん》にやって来《き》た欧米人《おうべいじん》はたくさんいたが、その中《なか》に日本人《にほんじん》の精神文化《せいしんぶんか》の中心《ちゅうしん》になっているのは神道《しんとう》であると主張《しゅちょう》した人《ひと》たちが何人《なんにん》かいた。

その中《なか》で、最《もっと》も代表的《だいひょうてき》な人《ひと》は、日本《にほん》に帰化《きか》したラフカディオ・ハーンというイギリス人《じん》の作家《さっか》であるが、ジョセフ・ウォーレン・ティーツ・メイソンというアメリカ人《じん》の新聞記者《しんぶんきしゃ》は、ハーンとは違《ちが》って、自《みずか》ら神道《しんとう》を信仰《しんこう》して神道《しんとう》を研究《けんきゅう》した人《ひと》だった。

彼《かれ》が日本《にほん》に興味《きょうみ》を持《も》ったのは、イギリスのロンドンで日露戦争《にちろせんそう》についての記事《きじ》を書《か》いたときのことだった。昭和《しょうわ》七（一九三二）年《ねん》に、初《はじ》めて日本《にほん》に来日《らいにち》したメイソンは、新聞記者《しんぶんきしゃ》を引退《いんたい》すると、日本人《にほんじん》の精神《せいしん》の根本《こんぽん》の中《なか》には神道《しんとう》があると考《かんが》えて研究《けんきゅう》に没頭《ぼっとう》した。

その結果《けっか》、メイソンは、日本《にほん》が明治維新《めいじいしん》によって速《すみ》やかに近代化《きんだいか》に成功《せいこう》できたのは、もともと日本人《にほんじん》の中《なか》に「よいものを見分《みわ》ける直観力《ちょっかんりょく》と、新《あたら》しいことはなんでも試《ため》そうとする熱心《ねっしん》さ」があったからだと考《かんが》えるのである。

奈良時代《ならじだい》に仏教《ぶっきょう》が入《はい》って来《き》ても、神道《しんとう》がそれとうまく融合《ゆうごう》できたのは、もともと神道《しんとう》の中《なか》に自分《じぶん》とは違《ちが》った考《かんが》え方《かた》であっても、相手《あいて》を受《う》け入《い》れようとする寛容《かんよう》なところがあったからである。

日本《にほん》が明治時代《めいじじだい》に、西欧列強《せいおうれっきょう》の考《かんが》え方《かた》を受《う》け入《い》れて、封建制度《ほうけんせいど》を近代国家《きんだいこっか》の制度《せいど》に作《つく》り変《か》えることができたのは、この神道《しんとう》の寛容的《かんようてき》な考《かんが》え方《かた》が日本人《にほんじん》の精神《せいしん》の中《なか》に働《はたら》いていたからだと言《い》っていいだろう。

おわりに

靖国神社《やすくにじんじゃ》の境内《けいだい》にある遊就館《ゆうしゅうかん》の二階《かい》には、神社《じんじゃ》の宝物《ほうもつ》、戦没者《せんぼつしゃ》の遺書《いしょ》、遺品《いひん》などが展示《てんじ》されているが、その中《なか》に神風特攻隊《かみかぜとっこうたい》の生《う》みの親《おや》である海軍中将大西瀧治郎《かいぐんちゅうじょうおおにしたきじろう》の鮮血《せんけつ》に染《そ》まった遺書《いしょ》が展示《てんじ》してある。

大西中将《おおにしちゅうじょう》は八月《がつ》十六日《にち》の夜明《よあ》けに、数千人《すうせんにん》の部下《ぶか》を特攻《とっこう》で死《し》なせた責任《せきにん》をとって割腹《かっぷく》自決《じけつ》（下腹部を刃物で切って自殺すること）を遂《と》げたが、その遺書《いしょ》には青年《せいねん》に対《たい》して、たとえ平和《へいわ》なときであっても、特攻精神《とっこうせいしん》を持《も》ち続《つづ》けることを願《ねが》っている一節《いっせつ》がある。

この言葉《ことば》の意味《いみ》は、戦前《せんぜん》の青年《せいねん》たちが国家《こっか》の危機《きき》に際《さい》して、一《ひと》つしかない命《いのち》を捧《ささ》げた犠牲的精神《ぎせいてきせいしん》を、戦後《せんご》の青年《せいねん》たちが受《う》けつぐことで、再《ふたた》び日本《にほん》が国家《こっか》の危機《きき》に直面《ちょくめん》しても、日本《にほん》を守《まも》るためにいつでも死《し》ねる覚悟《かくご》と勇気《ゆうき》を持《も》った者《もの》が現《あらわ》れることを願《ねが》ってのことだったと思《おも》う。

にもかかわらず、今《いま》の日本人《にほんじん》は、戦後《せんご》の「反戦平和教育《はんせんへいわきょういく》」によって、すっかり「愛国心《あいこくしん》」というものを失《な》くしてしまったかのように思《おも》う。

その理由《りゆう》は、戦後《せんご》の日本《にほん》では靖国神社《やすくにじんじゃ》を「戦争《せんそう》を賛美《さんび》する神社《じんじゃ》」と批判《ひはん》し、参拝《さんぱい》を「軍国主義《ぐんこくしゅぎ》の復活《ふっかつ》」と攻撃《こうげき》することが平和《へいわ》な国民《こくみん》の証《あかし》であり、また大東亜戦争《だいとうあせんそう》に対《たい》する反省《はんせい》が国《くに》を立《た》て直《なお》すための出発点《しゅっぱつてん》であるかのように言《い》われてきたからである。

また戦前《せんぜん》の日本《にほん》は、侵略戦争《しんりゃくせんそう》を行《おこな》って、世界《せかい》の人々《ひとびと》に迷惑《めいわく》をかけたのだから、その反省《はんせい》のもとに世界《せかい》に謝《あやま》り、罪《つみ》をつぐなうことが、今後《こんご》の国際社会《こくさいしゃかい》に日本《にほん》がもどることができる、ただ一《ひと》つの道《みち》であるかのように言《い》われてきたからである。

終戦《しゅうせん》五十年《ねん》の平成《へいせい》七（一九九五）年《ねん》八月《がつ》十五日《にち》に、村山富市元首相《むらやまとみいちもとしゅしょう》が発表《はっぴょう》した謝罪談話《しゃざいだんわ》などは、その典型《てんけい》で歴代《れきだい》の自民党政権《じみんとうせいけん》も同《おな》じ内容《ないよう》を受《う》けついできた。

戦後《せんご》の日本《にほん》は、確《たし》かに経済的《けいざいてき》には発展《はってん》を遂《と》げたかもしれないが、東京裁判《とうきょうさいばん》の影響《えいきょう》によって平和《へいわ》を「絶対善《ぜったいぜん》」（他に比べることができないくらい良いもの）、戦争《せんそう》を「絶対悪《ぜったいあく》」（他に比べることができないくらい悪いもの）と考《かんが》えるようになってしまった。これを「平和《へいわ》ボケ」と言《い》うが、いつのまにか侵略戦争《しんりゃくせんそう》と自衛戦争《じえいせんそう》の区別《くべつ》がつかなくなってしまった日本人《にほんじん》は、世界《せかい》の常識《じょうしき》から見《み》れば、「バカ」か「偽善者《ぎぜんしゃ》」（本心からではなく、うわべだけよい行いをしているように見せている人）としか見《み》られないのである。

大西中将《おおにしちゅうじょう》が言《い》っているように、平和《へいわ》というのは、いざとなったら戦争《せんそう》も辞《じ》さないという強《つよ》い覚悟《かくご》でのみ得《え》られるものなのである。それが世界《せかい》の常識《じょうしき》だからこそ、世界《せかい》の国々《くにぐに》は例外《れいがい》なく国《くに》の防衛《ぼうえい》（ふせぎ守ること）に力《ちから》を入《い》れ、子供《こども》たちに国《くに》の防衛《ぼうえい》の大切《たいせつ》さや自己犠牲《じこぎせい》を尊《とうと》ぶ教育《きょういく》を行《おこな》っているのである。

戦後《せんご》の日本《にほん》は、北朝鮮《きたちょうせん》に国民《こくみん》が拉致《らち》され、ミサイルで脅《おど》かされても、中国《ちゅうごく》に尖閣諸島《せんかくしょとう》が脅《おび》やかされ、韓国《かんこく》に竹島《たけしま》が占領《せんりょう》されても、手《て》も足《あし》も出《だ》せないでいる。

日本《にほん》がこうした問題《もんだい》を自分《じぶん》で解決《かいけつ》できないのは、アメリカに押《お》しつけられた「平和《へいわ》ボケ憲法《けんぽう》」によって、自分《じぶん》で自分《じぶん》の国《くに》を守《まも》ることを放棄《ほうき》させられているからである。アメリカが「世界《せかい》の警察官《けいさつかん》にはならない」と言《い》った以上《いじょう》、日本《にほん》の安全《あんぜん》は自分《じぶん》で守《まも》るしかないだろう。

実《じつ》は、日本民族《にほんみんぞく》の再生《さいせい》の鍵《かぎ》は、靖国神社《やすくにじんじゃ》を守《まも》ることにあるのだ。かつて日本軍《にほんぐん》が敵《てき》から尊敬《そんけい》されるほど、勇敢《ゆうかん》に戦《たたか》うことができたのは、たとえ自分《じぶん》が死《し》んでも自分《じぶん》の霊魂《れいこん》は靖国《やすくに》神社《じんじゃ》に祀《まつ》られて、国民《こくみん》から永遠《えいえん》に尊敬《そんけい》され、追悼《ついとう》してもらえるという安心感《あんしんかん》があったからである。

この靖国神社《やすくにじんじゃ》への参拝《さんぱい》を国民運動《こくみんうんどう》にすれば、その運動《うんどう》は日本《にほん》を救《すく》う力《ちから》となり、日本民族《にほんみんぞく》の再生《さいせい》につながるだろう。

日本人《にほんじん》が民族《みんぞく》の魂《たましい》を取《と》り戻《もど》して、世界《せかい》からもっと尊敬《そんけい》される国《くに》になるには一日《いちにち》も早《はや》く「平和《へいわ》ボケ憲法《けんぽう》」を改正《かいせい》して日本人《にほんじん》の精神《せいしん》の根本《こんぽん》である靖国神社《やすくにじんじゃ》に戦没者《せんぼつしゃ》を合祀《ごうし》できるようにならければならないと思《おも》うのである。

平成《へいせい》二十八年《ねん》二月八日《がつようか》（日露戦争開戦《にちろせんそうかいせん》の日《ひ》に）

吉本貞昭《よしもとさだあき》

◇著者◇
吉本 貞昭（よしもと・さだあき）
国立大学の大学院を修了後、中国留学を経て、大学の研究機関に所属。その後、平成24年7月に吉本貞昭事務所を設立。平成28年1月に吉本研究会を設立して、市民と大学生を対象にした近現代史のセミナーを実施している。専門分野の中国研究の他に、明治維新、日清戦争、日露戦争、大東亜戦争、占領政策などを中心に近現代史について研究している。約10年にわたり高等学校で世界史などを担当。昭和20年9月14日に、東京・市ヶ谷台上で割腹自決した陸軍大将吉本貞一は、親類にあたる。
著書に『世界が語る大東亜戦争と東京裁判』『世界が語る神風特別攻撃隊』『世界が語る零戦』『東京裁判を批判したマッカーサー元帥の謎と真実』『知られざる日本国憲法の正体』『世界史から見た日清・日露大戦争』『世界史から見た大東亜戦争』、ジュニア向け書籍として『日本とアジアの大東亜戦争』『教科書が絶対に教えない東京裁判』『若者たちはなぜ特攻を選んだのか』（以上、ハート出版）がある。
著者のホームページ（http://s-yoshimoto.sakura.ne.jp/）

カバー写真：degu66, ABC / PIXTA

教科書《きょうかしょ》が絶対《ぜったい》に教《おし》えない靖国神社《やすくにじんじゃ》

平成28年4月27日　　第1刷発行

著　者　吉本貞昭
装　幀　フロッグキングスタジオ
発行者　日高裕明
発　行　株式会社ハート出版
〒171-0014 東京都豊島区池袋3-9-23
TEL03-3590-6077 FAX03-3590-6078
ハート出版ホームページ http://www.810.co.jp

乱丁、落丁はお取り替えします。その他お気づきの点がございましたら、お知らせください。

Printed in Japan ISBN978-4-8024-0017-6
印刷・製本 中央精版印刷株式会社

もっと日本《にほん》が好《す》きになる　親子《おやこ》で読《よ》む近現代史《きんげんだいし》シリーズ

日本《にほん》とアジアの 大東亜戦争《だいとうあせんそう》

侵略《しんりゃく》の世界史《せかいし》を変《か》えた 大東亜戦争《だいとうあせんそう》の真実《しんじつ》

吉本貞昭《よしもとさだあき》・著《ちょ》

本体1400円＋税　A5判／ソフトカバー／ふりがな・解説付き

ISBN978-4-89295-965-3

教科書《きょうかしょ》が絶対《ぜったい》に教《おし》えない 東京裁判《とうきょうさいばん》

日本《にほん》はこうして侵略国家《しんりゃくこっか》にさせられた

吉本貞昭《よしもとさだあき》・著《ちょ》

本体1400円＋税　A5判／ソフトカバー／ふりがな・解説付き

ISBN978-4-89295-976-9

若者《わかもの》たちは なぜ 特攻《とっこう》を選《えら》んだのか

日本人《にほんじん》が知《し》らない特攻《とっこう》の真実《しんじつ》

吉本貞昭《よしもとさだあき》・著《ちょ》

本体1400円＋税　A5判／ソフトカバー／ふりがな・解説付き

ISBN978-4-8024-0001-5

学校《がっこう》が教《おし》えてくれない 戦争《せんそう》の真実《しんじつ》

日本《にほん》は本当《ほんとう》に「悪《わる》い国《くに》」だったのか

丸谷元人《まるたにはじめ》・著《ちょ》

本体1400円＋税　A5判／ソフトカバー／ふりがな・解説付き

ISBN978-4-8024-0008-4